KB124567

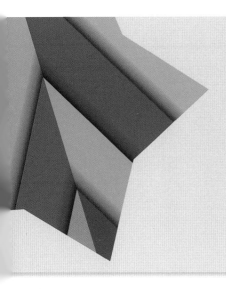

BASA와 함께하는
읽기능력 증진 개별화 프로그램

읽기 나침반
④ 읽기이해편

| 김동일 저 |

학지사

읽기는 인류 역사상 새로운 문명을 개척하는 가장 강력한 요소였으며, 자신을 표현하는 중요한 방식이었습니다. 오늘날 과학기술의 발전과 더불어 매일 새로운 정보를 접하게 됨에 따라 읽기를 통한 학습과 읽기 능력의 중요성은 늘 강조되고 있습니다. 따라서 읽기 능력은 학교 학습의 기초이며, 나아가 학생들의 학업과 생활 전반의 중요한 수단으로서 읽기 활동은 필수적입니다.

이에 취학 전 가정에서 한글 학습을 준비하며 초등학교 입학 전 한글을 익히는 것을 당연시하게 되었습니다. 그럼에도 학교 현장에는 여전히 난독증, 학습부진 및 학습장애뿐만 아니라 다양한 문화·경제·언어 특성과 같은 요인들로 인하여 읽기 학습에 어려움을 겪는 학생들이 존재합니다. 이에 따라 읽기에 어려움을 보이는 학습자의 정확한 진단 및 적절한 교육 지원의 필요성이 대두됩니다.

우리나라 현실에서는 학교가 학습자의 개별적인 읽기 수행에 맞추어 탄력적으로 수업을 진행하기 어렵고, 모든 학습자에게 가장 효과적인 교수 방법을 찾는 일 또한 요원해 보입니다. 이에 『BASA와 함께하는 읽기능력 증진 개별화 프로그램: 읽기 나침반』 시리즈는 읽기에 심각한 어려움을 겪는 학습자의 현재 수행 수준과 발달 패턴을 살펴보면서 개별화교육이 가능하도록 연구 작업을 통하여 개발되고 수정되었습니다. 이 시리즈는 BASA(Basic Academic Skills Assessment: 기초학습기능 수행평가체제) 읽기검사 결과에 따라 추가적인 중재가 필요한 학습자를 대상으로 학업 생존기술(survival skills)로서 읽기 학습에 초점을 맞추고 있습니다. 따라서 단순히 한글 자모를 외우면서 읽기를 처음 배우는 것을 넘어서서, 다양한 읽기 필수 기능으로서 음운인식, 유창성, 어휘지식, 이해를 계통적으로 밟아 나가며 읽기 전략을 익히도록 기획하였습니다.

1권 〈음운인식편〉은 학습자 중심으로 구성된 '학생용', 그리고 학습자를 돕는 '교사용'으로 구성되었습니다. '학생용'은 총 3단계 과정으로서 1단계에서는 기본모음, 자음을 포함하고, 2단계에서는 쌍자음과 이중모음의 조합을 소개하며, 3단계에서는 복받침을 제외한 받침들을 종류별로 나누어 소개하고 있습니다. 부록에는 학습자가 각 학습 활동에서 사용할 수 있는 붙임딱지와 직접 오려 사용할 수 있는 글자를 포함하여 흥미롭게 진행할 수 있게 제작하였습니다. 이 부록의 글자들은 색깔 코딩이 되어 있어 학습자가 조금 더 의미 있게 한글을 익힐 수 있게 하였습니다.

2권 〈읽기유창성편〉 역시 학습자 중심으로 구성된 '학생용'과 학습자를 돕는 '교사용'으로 구성되어 있으며, 총 3단계 9차시로 구성되어 있습니다. 1단계에는 동요, 동시, 짧은 글을, 2단계에는 감상글, 주장글, 설명글을, 그리고 3단계에는 전래동화, 역할극, 뉴스글을 구성하여 단계별로 지문의 길이가 늘어나며, 차시별로 다양한 종류의 글을 학습자에게 제공하고 있습니다. 또한 '한 걸음 더 나아가기'를 통하여 학습자가 읽기에서 많이 나타나는 읽기의 법칙을 익히고, 읽기에 흥미와 재미를 가질 수 있는 활동들을 함으로써 읽기에 대한 자신감과 성취감을 느낄 수 있도록 하였습니다. 교사용은 학습자를 지도하는 교육자 또는 학부모가 학습자와 함께 할 수 있도록 구성하였습니다.

3권 〈어휘편〉은 초등학교 국어 교과서 어휘들의 빈도분석을 실시하여 학습자에게 우선적으로 가르쳐야 하는 어휘목록을 추출해, 그것을 활용하여 개발하였습니다. 또한 초등학교 교육과정에서 어휘 학습목표를 중심으로 단계를 구분하고, 초등학교 저·중·고학년에서 사용하는 어휘를 단계적으로 사용해 난이도를 구분하였습니다. 각 단계에서는 학습자가 개념을 충분히 이해할 수 있도록 문제풀이는 물론 교사 또는 또래와의 상호작용을 통해 능동적으로 참여할 수 있게 하는 활동을 포함함으로써 학습한 개념을 복습하고 응용할 수 있도록 구성하였습니다.

4권 〈읽기이해편〉은 총 3단계 과정으로 구성하였는데, 각 단계는 초등학교 1~2학년, 3~4학년, 5~6학년 국어 교과서 및 학년 수준의 읽기 자료를 담고 있습니다. 각 단계에서는 읽기 이해에 필수적인 이야기 구성요소 파악하기, 요약하기, 추론하기 등의 개념 및 원리를 학습자가 그림카드, 게임하기, 도식자 등 다양한 자료와 활동을 통하여 쉽게 이해하고 적용할 수 있도록 제시하였습니다.

이 시리즈는 읽기를 찬찬히 꼼꼼하게 공부하는 우리 학생을 먼저 생각하여 교과서 및 다양한 읽기 자료를 기반으로 개별화 학습이 가능하도록 구성되었습니다. 우리 학생들이 의미 있는 증거기반 읽기전략 학습 탐색의 기회에 지속적으로 참여하면서 자신의 눈높이에서 학습자 중심의 자기주도학습의 주체로서 읽기를 배우고 즐기기를 진심으로 기대합니다.

2017년
서울대학교 교육종합연구원 특수교육연구소(SNU SERI) 소장
오름 김동일

읽기이해란?

읽기이해란 읽기 자료를 읽고 의미하는 바를 알아가는 과정을 말합니다. 읽기 활동을 통하여 주어진 읽기 자료의 내용을 적절히 파악하고 의미를 끌어내기 위해서는 읽기 자료의 내용을 있는 그대로 이해하는 것뿐만 아니라 글의 순서, 관계, 겉으로 드러나지 않은 추론적인 의미도 이해할 수 있어야 합니다. 나아가 글의 내용에 대해 적절한 감상과 평가를 하는 것도 읽기이해에 포함된다고 할 수 있지요.

읽기발달과 읽기이해

읽기이해를 위해서는 음운인식능력과 철자에 대한 이해, 읽기유창성, 어휘력 등이 필요하다고 알려져 있습니다. 그러나 기본적으로 읽기유창성 및 어휘력을 가지고 있음에도 여전히 읽기이해에 어려움을 겪는 아동이 많습니다. 읽기이해에는 읽기 자료의 내용에 대한 아동의 친숙성이나 읽기 자료와 관련된 배경지식 및 경험 정도, 읽기이해 전략 등이 중요한 성공요인이기 때문입니다. 특별히 학습에 어려움을 겪는 아동은 짧은 시간에 읽은 내용을 간직하는 데 어려움이 있어서 글의 내용을 이해하는 데 더 오랜 시간이 걸리기도 하지요. 최근 읽기이해와 관련한 다양한 교수방법 및 교육 프로그램이 소개되고 있는 것도 그만큼 읽기이해가 읽기의 궁극적이면서도 어려운 목표라는 것을 말해 주고 있는 셈이지요. 무엇보다도 읽기이해 능력의 성공 여부는 아동의 수준에 적절한 읽기 자료 내용과 자기주도적으로 학습할 수 있는 읽기이해 방법을 지도하는 것에 달려 있다고 할 수 있습니다.

읽기이해 지도의 효과

읽기이해력을 직접적으로 향상시키기 위해서는 읽기이해력뿐만 아니라 아동의 문자 해독 능력, 어휘력, 학습 동기 등을 종합적으로 고려하는 것이 우선적으로 필요합니다. 아동의 현재 읽기 능력과 흥미에 맞는 읽기 자료를 선택하고, 읽기이해력 향상에 직접적으로 영향을 미치는 것으로 알려진 효과적인 증거기반 교수 전략을 사용하여 읽기이해 지도에 활용하는 것이 무엇보다 중요하다고 할 수 있지요. 지금까지 읽기이해력을 직접적으로 증진시킨다고 알려진 교수 전략으로는 관련된 지식을 자극하기, 질문하기, 심상 만들기 등이 있습니다.

읽기이해는 읽기 전, 읽기 중, 읽기 후 단계로 구분하여 단계별로 요구되는 읽기 활동을 성공적으로 수행할 때 완성될 수 있습니다. 읽기 전 단계에서는 읽기 자료에 제시된 어휘, 읽기 자료 내용에 대한 경험과 지식의 활성화가 필요합니다. 읽기 중 단계에서는 읽기 자료의 어휘 및 문장 구조를 이해하고, 글의 내용을 추론하며, 글의 주제를 파악하는 것 등이 필요합니다. 읽기 후 단계에서는 읽은 내용의 결론을 짓거나 예측하기, 평가하기 등의 활동을 통하여 읽은 내용에 대한 마무리 활동을 할 수 있습니다.

읽기이해에 있어 학습 전략, 문제 해결 능력을 향상시키는 것뿐만 아니라 자기주도적 학습이 가능하도록 지도하는 것이 중요합니다.

RTI 교수법(중재반응모형, Response-to-Intervention)

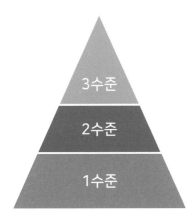

RTI는 2001년부터 학습장애 판별을 위해 새롭게 적용된 학습모델입니다. 1수준은 학교 수업처럼 모든 일반 아동을 대상으로 실시하는 대그룹 교수(약 20~30명)이며, 진전도를 점검하여 지속적인 어려움을 보이는 아동을 선별한 후 2수준 교수를 받도록 합니다. 2수준은 소그룹 교수(약 5~7명)로, 보다 집중적으로 교육받을 수 있는 환경과 교재가 제공되며, 충분히 교수를 제공받았음에도 여전히 진전이 없는 아동은 3수준 교수를 받도록 합니다. 3수준 교수는 일대일 교수를 제공하도록 권고되며, 아동의 수준에 맞는 개별적으로 고안된 중재를 제공합니다.

이 〈읽기이해편〉은 3수준 교수가 필요한 아동을 대상으로 교사와 아동의 일대일 수업을 진행하는 데 효과가 있도록 제작되었으며, 아동의 개별적인 특성과 수준에 맞는 교재를 제공하기 위하여 크게 1, 2학년 수준, 3, 4학년 수준, 5, 6학년 수준의 3단계로 나누어 각 학년군에서 제시하는 읽기이해 학습 목표를 토대로 학습 내용이 구성되었습니다.

읽기이해편의 단계별 소개

1단계(1~4차시)	2단계(5~8차시)	3단계(9~12차시)
문장 완성하기 이야기 구성요소 주요 내용 확인하기	인물의 관계 및 성격 파악하기 원인과 결과 알기 글의 짜임 알기 세부 내용 파악하기	추론하기 이야기 예측하기 주장과 근거 파악하기 작품의 감상 및 평가하기
• 문장의 구성요소 알기 • 이야기의 구성요소(등장인물, 사건, 배경, 감정, 행동, 결말)를 알고, 이야기를 읽고 찾기 • 낱말의 관계를 활용하여 주제, 소재, 제목 찾기	• 인물의 관계를 생각하며 이야기 읽기 • 이야기를 읽고 내용을 간추리기 • 문단의 중심 내용을 바탕으로 글의 중심 생각 찾기 • 글의 원인과 결과를 생각하며 읽기	• 글 속에 숨어 있는 내용 파악하기 • 이야기 구성요소들의 관계를 생각하며, 이야기의 뒷부분을 상상하기 • 주장과 근거를 파악하며 읽기 • 독서 감상문 작성하기

읽기이해편 활용 팁

하나, 워크북을 시작하기 전 BASA 기초학습기능 수행평가체제 읽기이해를 활용하여 기초선을 측정하고 목표를 설정합니다. 이는 아동의 현재 수행수준을 파악할 수 있게 할 뿐만 아니라 학습 속도와 방향에도 긍정적인 도움을 줍니다. 따라서 해당 아동이 6학년이더라도 현재 수행 수준에 맞추어 2단계 3, 4학년 수준을 학습할 수 있습니다.

둘, 워크북은 기본적으로 교사와 함께하는 활동과 스스로 하는 활동으로 나뉘어 구성되어 있습니다. 교사와 함께하는 활동을 수행할 때는 아동의 학습 흥미 유발과 이해력 증진을 위하여 학습에 자극이 되는 여러 교구를 활용할 수 있으며, 스스로 하는 활동은 과제로 내주어 학습한 내용을 충분히 습득하였는지 확인하는 데 활용할 수 있습니다.

셋, 워크북에는 단계별로 주사위 게임, 추론 카드 게임, 보드 게임 등과 같이 아동의 읽기이해 능력을 확인하면서 동시에 재미를 느낄 수 있는 활동이 포함되어 있습니다. 이러한 활동지는 아동이 흥미를 잃거나 지루해할 때 활용할 수 있습니다.

넷, 워크북에 제시된 모든 읽기 자료는 교과서 지문을 활용하였습니다. 읽기 자료 전체가 필요할 경우 해당 학년 교과서 지문을 활용할 수 있습니다.

다섯, 한 단계씩 올라갈 때마다 BASA를 활용하여 진전도를 확인합니다. 진전도란 처음에 설정한 목표를 잘 따라오고 있는지 확인하는 것으로, 아동의 학습 속도가 예상 목표보다 느리거나 빠를 경우 진전도 점검을 통해 목표를 수정할 수 있습니다.

교사 활용 팁

📊 구성과 특징

이 워크북은 총 12차시로 구성되어 있습니다. 1~4차시는 1, 2학년, 5~8차시는 3, 4학년, 9~12차시는 5, 6학년 국어교과서의 학습 목표 중 읽기이해를 위해 꼭 필요한 학습 목표 및 개념을 선별하였습니다. 각 차시는 '교사와 함께하기'와 '스스로 하기'로 구성되어 있습니다. 각 차시가 시작할 때마다 차시에서 다루게 되는 학습 주제 및 목표, 전략 및 지도 안내 등에 대하여 설명해 주세요. 이는 학습 내용을 안내하고, 학습 내용의 지도에 필요한 학습 기법과 전략을 제시하고자 함입니다. 또한 해당 차시의 학습 목표를 달성하기 위해 꼭 필요한 학습 개념 및 원리를 확인할 수 있습니다.

📊 교사와 함께하기

수업 시간	30~40분
준비물	연필, 지우개, 가위, 풀, 테이프 등
방식	개별 지도(1:1) 및 소그룹 수업

1. 학습 목표 설명

국어 교과서에 실린 지문을 이해하기 전에 해당 차시의 학습 목표를 성취하기 위해 필요한 개념을 이해할 수 있도록 구성되어 있습니다.

2. 도입학습

도입학습에서는 부록의 그림카드와 같은 학습 보조 자료들을 통하여 교사와 아동 간의 상호작용을 높일 수 있으며, 개별 및 소규모 지도에서 아동들의 흥미를 키우고 집중도를 높일 수 있습니다. 또한 도입 활동을 통하여 교사는 자연스럽게 학생들에게 칭찬과 격려를 할 수 있습니다. 되도록 학습지보다는 부록카드로 수업을 진행하여 상호작용이 일어날 수 있도록 활용하는 것이 좋습니다.

3. 적용학습

교사와 함께하기 활동의 마지막 단계는 적용학습입니다. 본격적으로 국어 교과서에 실린 지문을 읽어 보며 도입학습에서 접한 개념을 적용할 수 있습니다. 적용학습에서 교사는 학생들이 긴 지문을 읽는 데 힘들어 할 경우 함께 읽어 보기를 할 수 있습니다.

📊 스스로 하기: 오늘 학습한 내용을 과제로 주세요

스스로 하기 활동은 교사와 함께하기 활동을 통해서 학습한 내용을 복습할 수 있도록 구성되어 있습니다. 스스로 하기 활동은 한 차시에 4~5개의 활동지로 구성되어 있습니다. 매일 15~20분 정도의 시간을 들여 교사와 함께한 핵심 개념 및 원리를 스스로 정리해 보고, 간단한 문제를 통해 자신의 학습 상태를 확인할 수 있습니다. 이때 가정에서 부모가 도와주거나 또래의 도움을 받을 수도 있습니다.

이 워크북은 학습 지도를 할 때 차시 구분(교사와 함께하기, 스스로 하기), 개념 및 원리 학습, 도입학습, 적용학습, 부록 등을 안내하기 위하여 시각적인 기호를 다음과 같이 명시하고 있습니다. 이 워크북 맨 뒤에는 부록과 정답지가 있습니다. 부록에는 주로 교사와 함께하기에서 사용되는 그림카드 및 활동 시 필요한 자료가 수록되어 있습니다. 정답지에서는 교사와 함께하기 및 스스로 하기의 모든 문제에 대한 모범답안을 확인할 수 있습니다.

	교사와 함께하기
	개념 및 원리
	도입 학습
	적용 학습
	스스로 하기
	부록(해당 활동을 위한 그림 카드 및 학습 보조 자료)
	교사 팁

차 례

단계
01

 개념 및 원리

📖 **학습 목표** 그림에 어울리는 문장을 찾을 수 있다.

🖋 문장이란?

문장이란 말하고 싶은 생각을 글로 나타낼 때 사용하는 단위입니다. '나는 밥을 먹는다.', '너는 누가 좋아?' 등이 그 예입니다.

문장의 끝에는 '.', '?', '!' 등의 종결부호가 붙어서 설명하거나 물어보거나 느낌을 표현할 수 있습니다.

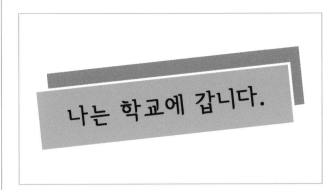

🖋 문장 구성요소와 문장 만들기

문장에는 문장을 구성하는 요소들이 있습니다. 문장 성분의 개념을 이해하는 것은 실제로 초등학교 고학년이 되어야만 가능하지만, 그림에 알맞은 문장의 구성요소를 찾고 문장을 이해하는 것은 그 이전에 가능하며 읽기이해의 시작이라고도 할 수 있습니다. 따라서 문장을 구성하는 부분들을 그림과 함께 제시하여 문장을 완성하는 연습을 함으로써 문장을 구성하는 요소들을 이해할 수 있습니다.

1. 그림에서 '누가' 나오는지를 확인합니다.
2. 그림에서 '무엇을' 하는지를 확인합니다.
3. 그림에 알맞은 문장이 되도록 1, 2번을 연결합니다.

1-1차시　 🍎 도입학습

📖 **학습 목표** 그림에 어울리는 문장을 찾을 수 있다.

1. 그림을 보고 '누가' 나오는지 말해 보세요.

   📓 TIP 교사 팁 부록으로 그림카드가 제시되어 있습니다.

   1)

   　　　　　　가 당근을 먹습니다.

   2)

   　　　　　　가 꼬리를 흔듭니다.

   3)

   　　　　　　가 바이올린을 켭니다.

2. 그림을 보고 '무엇을' 하는지 말해 보세요.

1)

시후와 영호는

2)

미나는

3)

승철이와 찬혁이는

1-2차시

 도입학습

📖 **학습 목표** 그림에 어울리는 문장을 찾을 수 있다.

1. 그림에 알맞은 문장은 무엇인지 연결해 보세요.

   📓 ⑪ᵖ교사 팁 부록으로 그림카드가 제시되어 있습니다.

   1) 　　　　　　　•　　　　•　엄마는 요리를 합니다.

   2) 　　　　　　　•　　　　•　철희는 공부를 합니다.

   3) 　　　　　　　•　　　　•　친구들이 노래를 부릅니다.

   4) 　　　　　　　•　　　　•　수아는 공을 찹니다.

1-3차시 ▶

🦉 **적용학습**

📖 **학습 목표** 그림에 어울리는 문장을 찾을 수 있다.

1. 아래 그림을 보고 '누가', '무엇을' 하는지에 대한 부분을 생각해 보세요. 그리고 그림에 맞는 카드들을 연결하여 문장을 완성해 보세요.

1)    2)    3)

나무꾼이	호랑이가	나무꾼은
나타났습니다.	깜짝 놀랐습니다.	산길을 가고 있습니다.

2. 아래 글을 읽고 각 문장에서 '누가'에 해당하는 부분을 나타내는 단어를 찾아 동그라미(○) 쳐 보세요. '누가'라는 부분은 사람, 동물, 물체가 다 될 수 있어요.

> 어느 날 샘이 많은 바람이 해를 찾아왔어요. 바람은 해에게 자신이 가장 힘이 세다고 자랑했어요. 그때 마침 한 나그네가 길을 가고 있었어요. 바람은 해에게 누가 먼저 나그네의 외투를 벗기는지 겨루어 보자고 했어요. 바람은 나그네를 향해 힘껏 입김을 불었어요. 나그네는 추워서 옷을 단단히 여몄어요. 이번에는 해가 빛을 세게 비추었어요. 나그네는 너무 더워서 외투를 벗었어요.

1-1차시

 도입학습

📖 **학습 목표** 그림에 어울리는 문장을 찾을 수 있다.

1. 그림을 보고 '누가' 나오는지 말해 보세요.

1)

이 달립니다.

2)

가 먹이를 먹습니다.

3)

가 천천히 걷습니다.

2. 그림을 보고 '무엇을' 하는지 말해 보세요.

1)

친구들이 [   ]

2)

아기가 [   ]

3)

어린이들이 [   ]

1-2차시 ▶

🍎 도입학습

📖 **학습 목표** 그림에 어울리는 문장을 찾을 수 있다.

1. 그림에 알맞은 문장은 무엇인지 연결해 보세요.

1)

•   • 누나와 형이 춤을 춥니다.

2)

•   • 친구들이 달리기를 합니다.

3)

•   • 동생이 잠을 잡니다.

4)

•   • 아기들이 손을 잡습니다.

1-3차시 ▶  적용학습

📖 **학습 목표** 그림에 어울리는 문장을 찾을 수 있다.

1. 아래 그림을 보고 '누가', '무엇을' 하는지에 대한 부분을 생각해 보세요. 그리고 그림에 맞는 카드들을 연결하여 문장을 완성해 보세요.

1)  2)  3)

오빠와 여동생이	아이들이	친구들은

엄마께 아침인사를 합니다.	사이좋게 집에 옵니다.

선생님의 말씀을 잘 듣습니다.

2. 아래 글을 읽고 각 문장에서 '누가'에 해당하는 부분을 나타내는 단어를 찾아 동그라미(○) 쳐 보세요. '누가'에 해당하는 부분은 사람, 동물, 물체가 다 될 수 있어요.

> 아빠는 손으로 달팽이를 살짝 집으셨어요. 우리는 부지런히 집으로 돌아왔어요.
> 아빠는 아빠 손바닥 위에 달팽이를 놓았어요. 달팽이가 꼼짝도 안 하고 있어요. 달팽이는 작은 돌멩이 같아요. 아빠가 말씀하셨어요. 달팽이는 놀라면 자기 껍데기 속으로 숨는다고요. 나는 움직이지 않고 가만히 있는 달팽이가 신기했어요.

 적용학습

📖 **학습 목표** 그림에 어울리는 문장을 찾을 수 있다.

1. 아래 그림을 보고 '누가', '무엇을' 하는지에 대한 부분을 생각해 보세요. 그리고 그림에 맞는 카드들을 연결하여 문장을 완성해 보세요.

1) 　　2) 　　3)

누나와 동생은	친구가	엄마가
뒤로 넘어졌습니다.	함께 낚시를 합니다.	다시 일으켜 주셨습니다.

2. 아래 글을 읽고 각 문장에서 '누가'에 해당하는 부분을 나타내는 단어를 찾아 동그라미(○) 쳐 보세요. '누가'에 해당하는 부분은 사람, 동물, 물체가 다 될 수 있어요.

　어느 날 욕심 많은 개가 집으로 가는 길에 떨어진 고깃덩어리를 보았어요. 개는 떨어진 고기를 얼른 입에 물고 신나게 걸어가고 있었어요. 개는 강가에 다다랐어요. 개는 통나무다리를 건너다가 고기를 입에 물고 있는 다른 개 한 마리를 발견하고 깜짝 놀랐어요. 개는 다른 개가 물고 있는 고기를 빼앗아야겠다는 생각을 했어요. 그리고 크게 짖었어요. 개가 짖기 시작하자 입에 물고 있던 고기가 강물에 풍덩 빠지고 말았어요.

🕑 개념 및 원리

📖 **학습 목표** 이야기에서 나타나는 배경과 등장인물의 마음을 짐작할 수 있다.

📓 **이야기 구성요소: 배경(시간과 장소)**

❖ **시간을 나타내는 말**

　이야기를 구성하는 요소 중 시간은 일이 일어난 차례를 나타내는 말입니다. 이야기에서 시간을 나타내는 말을 알면 이야기의 순서를 알 수 있습니다.

　시간을 나타내는 말은 직접적으로 이야기할 수도 있지만, 꾸며 주는 말들을 통하여 시간을 짐작할 수도 있습니다.

- 계절: 봄, 여름, 가을, 겨울
- 날씨: 화창한, 무더운, 선선한, 추운, 눈보라가 몰아치는, 눈이 내리는
- 시간: 아침, 점심, 낮, 저녁, 밤, 어제, 오늘, 내일, 오전, 오후, 몇 시
- 요일: 월요일, 화요일, 수요일, 목요일, 금요일, 토요일, 일요일
- 월: 1월, 2월, 3월, 4월, 5월, 6월, 7월, 8월, 9월, 10월, 11월, 12월

또한 이밖에 겪은 일을 말할 때는 처음(먼저), 가운데(다음에는), 끝(마지막)으로 나누어 말하기도 합니다.

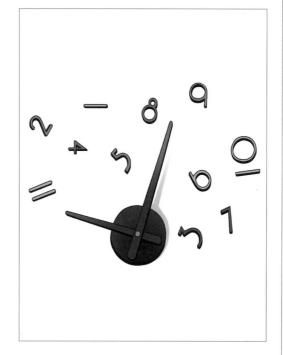

❖ 장소를 나타내는 말

이야기를 구성하는 요소 중 장소는 일이 일어나거나 어떠한 일을 하는 곳을 말합니다. 이야기에서 직접적으로 장소가 나타날 수도 있지만 등장인물과 상황을 통하여 장소를 짐작할 수도 있습니다.

❖ 마음을 짐작하기

이야기를 구성하는 요소 중 등장인물의 상황, 행동, 말 등을 통하여 마음을 짐작할 수 있습니다. 또한 등장인물의 상황과 비슷한 경험을 떠올리면서 나는 어떠했는지 생각해 봄으로써 등장인물의 마음을 짐작할 수도 있습니다.

📚 도입학습

📖 **학습 목표** 이야기에서 나타나는 배경과 등장인물의 마음을 짐작할 수 있다.

1. 그림에서 나타난 상황을 보고 시간과 장소를 찾아보세요.

   📔 ⚲교사 팁 부록으로 그림카드가 제시되어 있습니다.

1)

귀마개를 하고 연을
날렸다.

_____

2)

단풍나무 사이로 친구들과
걸어갔다.

_____

3)

튤립을 보며 친구와
놀이기구를 타러 갔다.

_____

4)

누나랑 별을 세어 보기로
했다.

_____

5)

학교에 가려고
일어났다.

_____

6)

밥을 먹고 다음 수업시간 전까지
친구들과 이야기하며 놀았다.

_____

봄	여름	가을	겨울
아침	점심	저녁	밤

놀이동산	집	공원	학교	동산

2-2차시  📚 도입학습

📖 **학습 목표** 이야기에서 나타나는 배경과 등장인물의 마음을 짐작할 수 있다.

1. 그림에서 나타난 상황을 보고 그림 속 인물이나 동물이 느꼈을 마음을 찾아보세요.

   📓💡**교사 팁** 부록으로 그림카드가 제시되어 있습니다.

1)

밖에서 놀고 집에 돌아온 뒤 엄마
말씀대로 손을 깨끗이 씻었다.

_____

2)

아침에 일어났는데 이불에
그만 실수를 하였다.

_____

3)

택시를 타려고 줄을 섰는데 한
남자가 새치기를 하였다.

_____

4)

낯선 곳에 혼자 있게
되었다.

_____

5)

스케이트를 타다가
넘어졌다.

_____

6)

친구가 음식을 나누어
주었다.

_____

뿌듯하다.	고맙다.	기분이 나쁘다.	창피하다.
당황스럽다.	자랑스럽다.	무섭다.	반갑다.	부끄럽다.
	상쾌하다.	화가난다.	아프다.	

교사와 함께하기

2-3차시 ▶  적용학습

📖 **학습 목표** 이야기에서 나타나는 배경과 등장인물의 마음을 짐작할 수 있다.

📕 아래 지문을 읽어 봅시다.

> 선생님은 월요일마다 친구들에게 기분을 물었어요.
> 오늘은 테오에게 물었지요.
> "테오야, 오늘은 기분이 어떠니?"
> "모르겠어요."
> 테오는 의자에 앉아서 작게 말했어요. 선생님이 다시 물었어요.
> "테오에게 여동생이 생겼다던데?"
> 선생님의 말에 친구들은 놀랐어요.
> "아마 행복할 거야."
> 에릭이 말했어요.
> "내가 새 자전거를 선물받았을 때처럼 말이야."
> "어쩌면 질투가 날지도 몰라."
> 릴리가 말했어요.
> "상을 타 온 우리 언니가 칭찬받았을 때처럼 말이야."

1. 등장인물은 누구인가요? 무엇에 대하여 이야기하고 있나요?

_____

2. 이야기를 읽고 시간을 알 수 있는 말에 동그라미(○)를, 장소를 알 수 있는 말에는 밑줄(＿)로 표시하고 아래 표에 적어 보세요. 그리고 왜 그렇게 생각하는지 이야기해 보세요.

시간을 알 수 있는 말		그렇게 생각한 이유	
장소를 알 수 있는 말		그렇게 생각한 이유	

3. '동생이 태어나는 것에 대하여' 등장인물들의 말을 통하여 마음을 짐작해 보세요.

테오의 말		테오의 마음	
에릭의 말		에릭의 마음	
릴리의 말		릴리의 마음	

🍎 도입학습

2-1차시 ▶

📖 **학습 목표** 이야기에서 나타나는 배경과 등장인물의 마음을 짐작할 수 있다.

1. 그림에서 나타난 상황을 보고 시간과 장소를 찾아보세요.

1)

일어나자마자 강아지와
산책을 했다.

_____

2)

미술시간에 친구와
함께 그림을 그렸다.

_____

3)

공원에서 친구들과
술래잡기를 했다.

_____

4)

친구들과 축구를
했다.

_____

5)

저녁을 먹고 청소기로
방 청소를 열심히 했다.

_____

6)

과학시간에 실험을
했다.

_____

아침	점심	저녁	밤
공원	방	교실	실험실	운동장

2-2차시 ▶

🍎 도입학습

📖 **학습 목표** 이야기에서 나타나는 배경과 등장인물의 마음을 짐작할 수 있다.

1. 그림에서 나타난 상황을 보고 그림 속 인물이나 동물이 느꼈을 마음을 찾아보세요.

1)

글짓기 대회에서 1등을
했다.

_____

2)

친구들이 따돌린다.

_____

3)

형이 장난감을
빼앗아 갔다.

_____

4)

방 청소를 잘해서
엄마가 칭찬해 주었다.

_____

5)

친구들이 생일을
축하해 주었다.

_____

6)

친구와 싸웠다.

_____

뿌듯하다.	고맙다.	기분이 나쁘다.	창피하다.
당황스럽다.	자랑스럽다.	무섭다.	반갑다.	부끄럽다.

2-3차시 ▶  적용학습

📖 **학습 목표** 이야기에서 나타나는 배경과 등장인물의 마음을 짐작할 수 있다.

🖊 아래 지문을 읽어 봅시다.

> 오랜만에 날씨가 화창했다. 현관에 세워 놓은 자전거가 보였다.
>
> 어머니께서는 내 마음을 아셨나 보다. 어머니를 바라보며 기운차게 말했다.
>
> "오늘은 꼭 성공할 거예요!"
>
> 어머니께서는 웃으며 고개를 끄덕이셨다.
>
> 점심을 먹은 뒤에 어머니와 함께 놀이터로 나갔다.
>
> 어머니께서는 뒤에서 자전거를 잡아 주셨다. 균형을 잡으려고 애썼지만 자전거가 자꾸만 쓰러
>
> 지려 했다.
>
> 잠깐 쉬고 있으면 어머니께서는 계속 이렇게 외치셨다.
>
> "자, 출발!"
>
> 나는 정말 힘들었다. 그래도 자전거를 빨리 배우고 싶은 마음에 열심히 페달을 밟았다.
>
> 그런데 가만 보니 어느새 어머니께서 멀리 떨어져서 달려오고 계셨다.
>
> "우아, 제가 지금 혼자 타고 있는 거예요?"
>
> "그럼, 아까부터 그랬단다."
>
> 어머니께서 씽긋 미소를 지으셨다.
>
> "야호!"

1. 등장인물은 누구인가요? 무엇에 대하여 이야기하고 있나요?

---

2. 이야기를 읽고 시간을 알 수 있는 말에 동그라미(○)를, 장소를 알 수 있는 말에는 밑줄(＿)로 표시하고 아래 표에 적어 보세요. 그리고 왜 그렇게 생각하는지 이야기해 보세요.

시간을 알 수 있는 말		그렇게 생각한 이유	
장소를 알 수 있는 말		그렇게 생각한 이유	

3. '자전거 타기에 대하여' 등장인물들의 말을 통하여 마음을 짐작해 보세요.

나의 말		나의 마음	
엄마의 말		엄마의 마음	

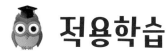 적용학습

📖 학습 목표 이야기에서 나타나는 배경과 등장인물의 마음을 짐작할 수 있다.

✏️ 아래 지문을 읽어 봅시다.

20○○년 6월 30일 금요일   날씨: 햇볕이 쨍쨍

고마운 내 짝

오늘은 기다리던 공놀이를 하는 날이었다. 두근두근, 내 차례였다. 그런데 지석이가 찬 공이 내 쪽으로 굴러와 내가 공에 걸려 넘어지고 말았다

"아야!"

나는 무릎이 너무 아팠고 부끄럽기도 했다.

"공을 몰고 가느라 너를 보지 못했어. 정말 미안해."

화를 내려던 나는 지석이의 말을 듣고는 잠깐 말을 멈추었다. 지석이가 진심으로 나에게 미안해 하는 것이 느껴졌기 때문이었다. 지석이는 내 손을 잡고 나를 일으켜 주었다.

"지석아, 괜찮아. 실수로 그런 건데 뭘."

나는 흙을 털고 일어나 지석이의 손을 잡고 함께 결승선으로 들어왔다. 친구들의 박수 소리가 정말 크게 들려 왔다.

---

1. 등장인물은 누구인가요? 무엇에 대하여 이야기하고 있나요?

_____

2. 이야기를 읽고 시간을 알 수 있는 말에 동그라미(○)를, 장소를 알 수 있는 말에는 밑줄(＿)로 표시하고 아래 표에 적어 보세요. 그리고 왜 그렇게 생각하는지 이야기해 보세요.

시간을 알 수 있는 말		그렇게 생각한 이유	
장소를 알 수 있는 말		그렇게 생각한 이유	

3. '내가 공에 걸려 넘어진 것에 대하여' 등장인물들의 말을 통하여 마음을 짐작해 보세요.

나의 말		나의 마음	
지석의 말		지석의 마음	

3차시 ▶  개념 및 원리

📖 **학습 목표** 이야기 구성요소를 알고 이야기 글에서 구성요소를 찾을 수 있다.

📖 이야기 구성요소: 이야기 문법

이야기 문법은 이야기를 구성하는 요소들을 이야기합니다. 1, 2차시에서 배경 및 등장인물의 말과 행동을 통해 마음을 짐작하는 것을 학습하였습니다. 이 외에도 기본적으로 이야기는 인물, 사건, 결말 등과 같은 구성요소들을 더 가지고 있습니다. 이야기 구성요소들을 중심으로 정리를 하면 이야기의 내용을 더 정확하게 이해하고, 또 구성한 내용을 하나로 합하여 전체 줄거리를 파악할 수 있습니다. 이야기 문법 지도는 구성요소 중 어느 요소를 더 집중적으로 분석하느냐에 따라서 인물 중심, 사건 중심 등으로 진행할 수 있습니다.

등장인물	누가?	이야기에 나오는 사람, 동물, 때로는 사물로 표현될 수도 있습니다.
배경	어디서? 언제?	'오전', '2시', '저녁' 등과 같이 시간과, '학교', '집', '산속' 등과 같이 장소를 이야기합니다.
사건	무엇을?	이야기에서 벌어진 일이나 상황을 말합니다.
등장인물의 말·행동	어떻게?	등장인물이 한 행동이나 말을 통하여 알 수 있습니다.
감정	등장인물의 마음은?	등장인물이 이야기에서 한 행동이나 말을 통하여 기분이나 느낌을 알 수 있습니다.
결말	이야기의 끝은?	이야기의 마지막 부분을 말합니다.

3-1차시

🍎 도입학습

📖 **학습 목표** 이야기 구성요소를 알고 이야기 글에서 구성요소를 찾을 수 있다.

📝 이야기 문법 주사위를 만들어 봅시다. 해당 주사위를 던져서 나온 단어를 설명해 보세요.

📓 **TIP 교사 팁** 부록에서 주사위를 오려 만들어 보세요.

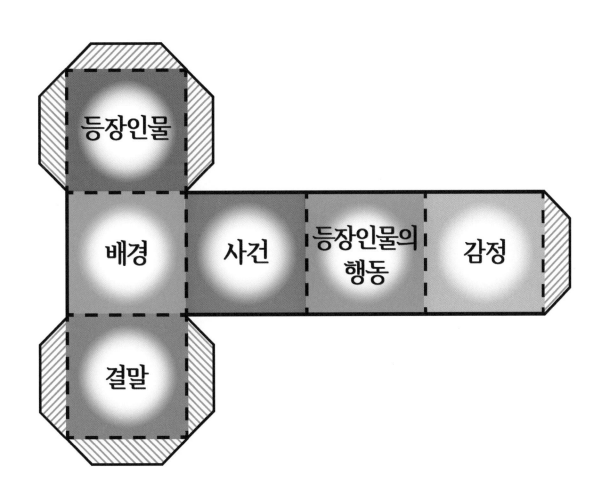

3-2차시   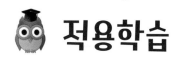 적용학습

📖**학습 목표** 이야기 구성요소를 알고 이야기 글에서 구성요소를 찾을 수 있다.

📖 아래 지문을 읽어 봅시다.

平화롭던 동물 마을에 큰 소동이 벌어졌어요. 숲 한가운데에 넓은 찻길이 생긴 거예요. 그 바람에 마을 밖으로 나가는 길이 끊겨 버렸어요. 쌩쌩 달리는 자동차가 무서워서 찻길을 건널 수가 없었거든요. 무리하게 길을 건너려다가 크게 다치거나 죽는 동물들도 생겨났어요. 동물들은 모두 걱정이 커졌어요.

고라니가 한숨을 푹 쉬며 말했어요.

"큰일이야. 이래서는 먹이를 구하러 갈 수가 없어."

그러자 들고양이도 훌쩍이며 말했어요.

"나는 헤어진 가족을 만나고 싶어."

두꺼비가 부럽다는 눈초리로 종달새를 바라보며 말했어요.

"새들은 좋겠다. 훨훨 날아서 찻길을 넘어갈 수 있으니까."

그러자 종달새가 머리를 휘휘 저으며 말했어요.

"우리도 안전하지 않아. 찻길 근처에서 낮게 날면 차가 일으키는 바람에 휘말리기 쉽거든. 나도 위험할 뻔했다고."

다람쥐는 차가 씽씽 달리는 찻길을 바라보며 말했어요.

"어떻게 하면 안전하게 마을 밖으로 나갈 수 있을까?"

동물들은 고민에 빠졌어요.

1. 이야기를 읽고 이야기 문법 주사위를 던져 해당하는 이야기 문법 요소를 아래 표에 작성하여 완성해 보세요.

1) 등장인물	( ), ( ), ( ), ( ), ( )
2) 배경	장소( ), 시간( )
3) 사건	
4) 등장인물 말 · 행동	* 등장인물별로 행동이나 말을 찾아보세요. – – – – –
5) 감정	* 등장인물별로 나타난 감정을 찾아보세요. – – – – –
6) 결말	

 적용학습

3-3차시 ▶

📖 **학습 목표** 이야기 구성요소를 알고 이야기 글에서 구성요소를 찾을 수 있다.

📖 아래 지문을 읽어 봅시다.

> 옛날옛날 먼 옛날의 일입니다.
>
> 어느 날 아침, 소금 장수가 고개를 넘어가다가 굶주린 호랑이와 마주쳤습니다.
>
> "호랑이님, 한 번만 살려 주십시오."
>
> 호랑이는 들은 척도 하지 않고, 소금 장수를 통째로 삼켜 버렸습니다.
>
> "아, 배고파. 어디 더 먹을 것 없나?"
>
> 어스름한 저녁이 되자 기름 장수가 나타났습니다.
>
> 호랑이는 기름 장수도 한입에 삼켜 버렸습니다.
>
> 깜깜한 밤에 호랑이 배 속에서 소금 장수와 기름 장수가 만났습니다.
>
> "나는 기름 장수인데, 당신은 누구요?"
>
> "나는 소금 장수요. 여기서 어떻게 빠져나가지요?"
>
> "어유, 어두워. 먼저 불을 켜고 봅시다."
>
> 두 사람은 등잔불을 켜고 빠져나갈 궁리를 했습니다.
>
> 그때 호랑이가 갑자기 벌떡 일어나는 바람에 그만 등잔이 엎어지며 등잔의 뜨거운 기름이 쏟아졌습니다. 깜짝 놀란 호랑이는 펄쩍펄쩍 뛰었습니다.

1. 이야기를 읽고 아래의 이야기 보드 게임을 하면서 이야기 구성요소를 찾아보세요.

📖 교사 팁 숫자 주사위를 활용하세요.

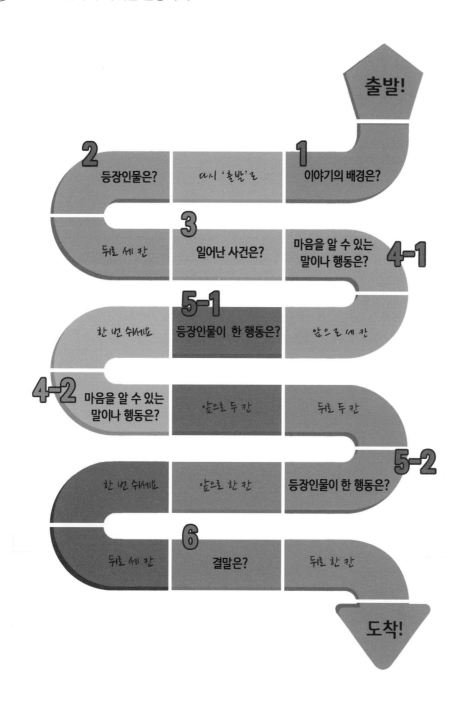

3-1차시 ▶  도입학습

📖 **학습 목표** 이야기 구성요소를 알고 이야기 글에서 구성요소를 찾을 수 있다.

📖 아래 지문을 읽어 봅시다.

> 아침에 밥을 먹으려는데 배가 아프고 속이 울렁거렸다.
>
> "어머니, 배가 아파서 밥을 못 먹겠어요. "
>
> "많이 아프니? 어젯밤에 아이스크림을 먹고 자서 그런가 보다."
>
> 어머니께서는 걱정스러운 얼굴로 병원에 가자고 하셨다.
>
> 오늘은 짝을 바꾸는 날인데 학교에 못 가서 속상했다.
>
> 나는 어머니와 함께 오전 10시에 병원에 갔다.
>
> 의사 선생님께서 배에다 청진기를 대 보시더니 배탈이 났다고 하셨다.
>
> 나는 주사를 맞을까 봐 걱정이 되었다.
>
> "선생님, 저 주사 맞아야 해요?"
>
> "주사는 안 맞아도 된단다. 대신 약을 먹어야 해."
>
> 의사 선생님께서는 약을 잘 먹어야 배탈이 빨리 낫는다고 하셨다.

1. 이야기를 읽고 이야기 문법 주사위를 던져 해당하는 이야기 문법 요소를 아래 표에 작성하여 완성해 보세요.

1) 등장인물	(　　　　　　), (　　　　　　), (　　　　　　)
2) 배경	장소(　　　　　　), 시간(　　　　　　)
3) 사건	
4) 등장인물 말 · 행동	* 등장인물별로 행동이나 말을 찾아보세요. - - -
5) 감정	* 등장인물별로 나타난 감정을 찾아보세요. - -
6) 결말	

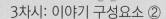

3-2차시 ▶  적용학습

📖 학습 목표 이야기 구성요소를 알고 이야기 글에서 구성요소를 찾을 수 있다.

📖 아래 지문을 읽어 봅시다.

아기 양 한 마리가 들판에서 풀을 뜯어 먹던 중 목이 말라 시냇가로 내려왔어요.

그때 위쪽에서 물을 마시던 늑대가 아기 양을 보았어요.

'아, 배가 고프던 차에 마침 잘 됐다.'

늑대는 아기 양을 잡아먹으려고 아래로 내려왔어요. 늑대는

"이놈! 어른이 물을 마시는데, 어린 것이 어디라고 물을 흐려 놓는단 말이냐? 용서

할 수 없다."

아기양은 깜짝 놀라 뒤로 물러섰지요. 그리고는 정신을 차리고 늑대에게 이렇게

말했어요.

"늑대님, 잠깐만! 제가 물을 마신 곳은 늑대님이 마신 곳보다 아래쪽이란 말이에요.

아래쪽에서 흐려진 물이 어떻게 위로 올라갈 수 있겠어요?"

그 말에 할 말이 없어진 늑대는 다른 이야기를 꺼냈어요.

"그래, 그건 그렇다 치고, 너 작년에 우리 아버지 욕을 하고 돌아다녔지? 그것만은

절대 용서할 수 없다."

늑대는 한 입에 아기 양을 삼키려고 달려들었어요.

"늑대님, 늑대님은 뭘 잘못 알고 계신가 봐요."

"뭐? 내가 잘못 알고 있다고?"

"네, 늑대님도 아시다시피, 저는 작년에 태어나지도 않았어요.

태어나지도 않았는데 제가 어떻게 늑대님 아버지를 욕할 수 있겠어요."

더 이상 할 말이 없어진 늑대는 잔뜩 화난 얼굴로 아기 양을 노려보고 그만 돌아

갔어요.

1. 이야기를 읽고 이야기 문법 주사위를 던져 해당하는 이야기 문법 요소를 아래 표에 작성하여 완성해 보세요.

1) 등장인물	( ), ( )
2) 배경	장소( ), 시간( )
3) 사건	
4) 등장인물 말·행동	* 등장인물별로 행동이나 말을 찾아보세요. – – –
5) 감정	* 등장인물별로 나타난 감정을 찾아보세요. – – –
6) 결말	

4차시 ▶ 🕐 개념 및 원리

📖 **학습 목표** 글을 읽고 중요한 단어를 찾아 주요 내용이 무엇인지 안다.

📗 주요 내용 확인하기

> – 글의 '제목'을 보고 설명하는 내용이 무엇일지 생각할 수 있습니다.
> – 글을 읽으면서 '중요한 단어'를 찾아 설명하는 것이 무엇인지 확인할 수 있습니다.
> – 글을 읽고 나서 '글의 제목, 설명하는 대상, 설명하는 대상의 특징'을 정리할 수 있습니다.

📗 마인드맵

> – '생각의 지도'라는 뜻의 마인드맵은 어떠한 물건, 대상, 주제에 대하여 '생각나는 것들을 확장시켜 보는 활동'입니다.
> – 마인드맵 활동은 읽기 전 활동으로 글의 제목을 보고 '제목에 대하여 자신이 생각나는 것'들을 마인드맵으로 표현할 수도 있습니다.
> – 읽기 후 활동으로는 글을 읽고 '설명하는 것과 그 특징을 정리'하는 방식으로 마인드맵을 활용할 수도 있습니다.
> – 마인드맵은 시각적인 자극을 제공하여 이야기를 이해하고 기억하는 데 도움을 줄 수 있습니다.

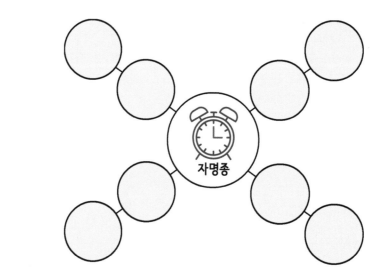

4-1차시 ▶

 도입학습

📖 **학습 목표** 글을 읽고 중요한 단어를 찾아 주요 내용이 무엇인지 안다.

---

1. 다음 책의 그림과 제목을 보고 어떠한 것을 설명하려는 것인지 말해 보세요.

📕📖 **교사 팁** 부록으로 그림카드가 제시되어 있습니다.

책 그림	책 제목	설명하려는 것

1)

　　　　　　『올림픽 이야기』　　　　_____

2)

　　　　　　『시간을 재는 눈금 시계』　　　_____

3)

　　　　　　『우리집 환경 지킴이』　　　_____

4)

　　　　　　『자신만만 안전왕』　　　_____

 4-2차시

📚 도입학습

📖 **학습 목표** 글을 읽고 중요한 단어를 찾아 주요 내용이 무엇인지 안다.

1. '시계' 하면 떠오르는 것을 마인드맵의 빈 곳에 적어 보세요. 필요하면 원을 더 그려 넣을 수 있어요.

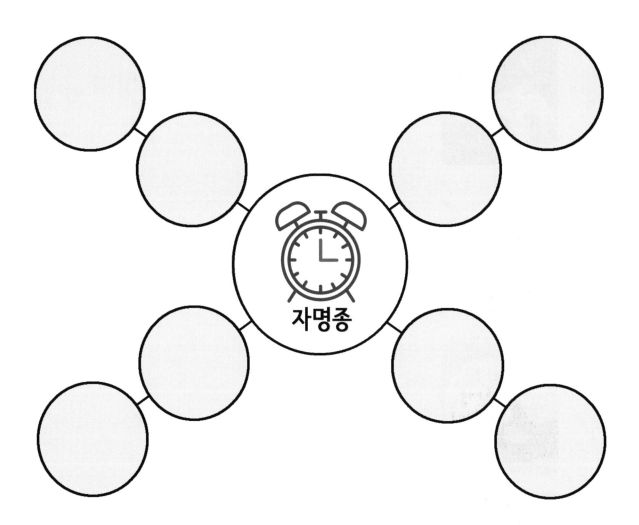

2. 1번에서 적은 것들을 아래 칸에 써 보고, 빙고 게임을 해 보세요. (새로운 것을 하나 더 추가해서 9가지를 적어 보세요.)

4-3차시 ▶ 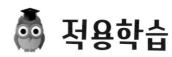 적용학습

📖 **학습 목표** 글을 읽고 중요한 단어를 찾아 주요 내용이 무엇인지 안다.

📕 아래 지문을 읽어 보세요.

> 민속박물관에서 옛날 집 안의 모습을 보았습니다. 옛날에도 텔레비전, 라디오, 전화기가 있었습니다. 그런데 신기하게도 모양이나 사용 방법이 요즘 우리가 보는 물건과 많이 달랐습니다. 옛날 집 안에 있는 물건을 같이 살펴볼까요?
>
> 옛날 텔레비전은 요즘 텔레비전과 많이 다릅니다. 옛날 텔레비전은 네모 상자 모양이고 화면이 작습니다. 화면은 평평하지 않고 가운데 부분이 볼록하게 튀어나와 있습니다. 그리고 다른 방송을 보려면 동그란 모양의 장치를 손으로 돌려야 합니다.

1. '요즘과 다른 물건'이라는 제목에서 무엇을 설명하려는 것일지 생각해 보고 말해 보세요.

2. 글에서 자주 등장하는 단어를 찾아 ○ 해 보세요.

3. 글에서 설명하고 있는 중요한 단어는 무엇일까요?

4. 글에서 설명하는 것과 그 특징을 아래 칸에 채워 넣어 보세요.

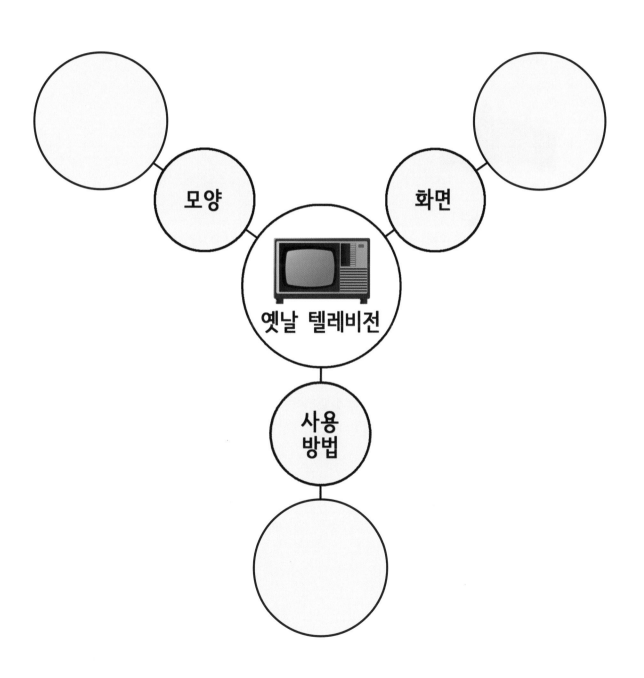

4-1차시 ▶  도입학습

📖 **학습 목표** 글을 읽고 중요한 단어를 찾아 주요 내용이 무엇인지 안다.

1. 다음 책의 그림과 제목을 보고 어떠한 것을 설명하려는 것인지 말해 보세요.

책 그림	책 제목	설명하려는 것

1) 　　『사람과 세상을 잇는 다리』　＿＿＿＿＿＿＿＿＿＿

2) 　　『발레에 반하다』　＿＿＿＿＿＿＿＿＿＿

3) 　　『우리와 함께 살아가는 식물 이야기』　＿＿＿＿＿＿＿＿＿＿

4) 　　『맛있는 짜장면의 역사』　＿＿＿＿＿＿＿＿＿＿

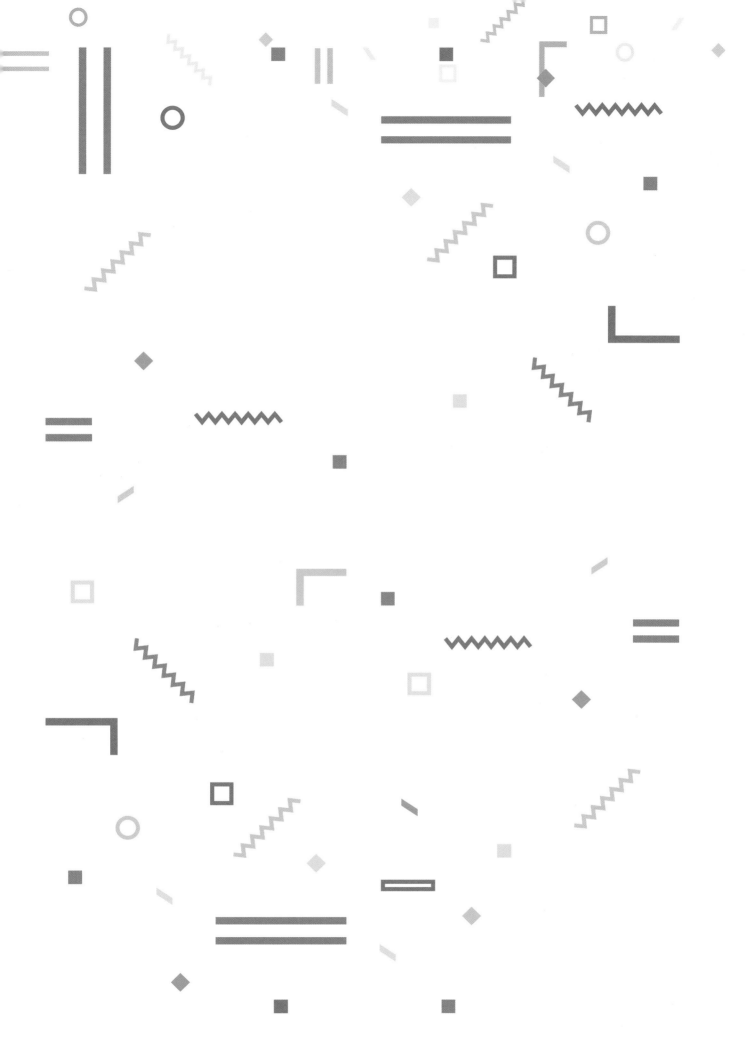

4-2차시 ▶  도입학습

📖 **학습 목표** 글을 읽고 중요한 단어를 찾아 주요 내용이 무엇인지 안다.

1. '짜장면' 하면 떠오르는 것을 마인드맵에 적어 보세요. 필요하면 원을 더 그려 넣을 수 있어요.

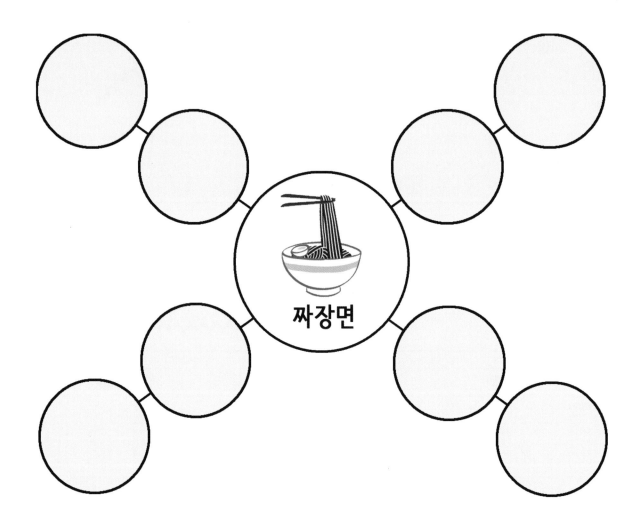

2. 1번에서 적은 것들을 아래 칸에 써 보고, 빙고 게임을 해 보세요. (새로운 것을 하나 더 추가해서 9가지를 적어 보세요.)

4-3차시 ▶ 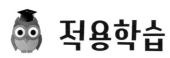 적용학습

📖 **학습 목표** 글을 읽고 중요한 단어를 찾아 주요 내용이 무엇인지 안다.

✍ 아래 지문을 읽어 보세요.

> 옛날 전화기는 요즘 전화기와 많이 다릅니다. 민속박물관에서 본 옛날 전화기는 요즘 전화기와 모양이나 크기뿐만 아니라 사용 방법도 달라서 신기합니다. 민속박물관에서 본 옛날 전화기는 위쪽이 좁은 과자 상자 모양이고 까만색입니다. 그리고 전화기 가운데에는 손가락으로 돌릴 수 있는 동그란 장치가 있습니다. 이 동그란 장치는 전화를 걸 때 사용합니다.

1. 글에서 자주 등장하는 단어를 찾아 ○ 해 보세요.

2. 글에서 설명하고 있는 중요한 단어는 무엇일까요?

3. 글에서 설명하는 것과 그 특징을 아래 칸에 채워 넣어 보세요.

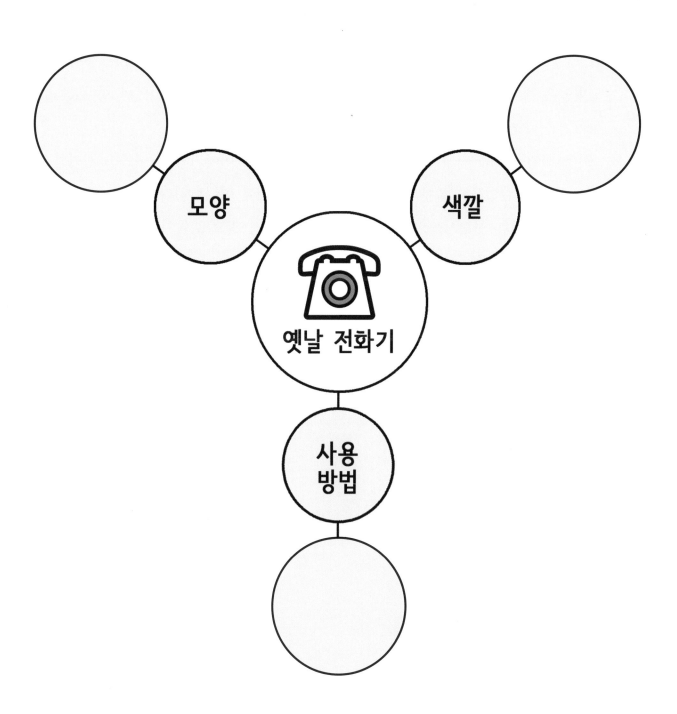

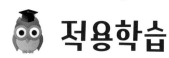

4-4차시 ▶ 🦉 적용학습

📖 **학습 목표** 글을 읽고 중요한 단어를 찾아 주요 내용이 무엇인지 안다.

📝 아래 지문을 읽어 보세요.

> 꿀벌들은 아주 부지런하답니다. 그래서 부지런한 사람들을 '꿀벌 같다'고도 하지요. 꿀벌들은 아침 일찍부터 저녁까지 꽃님들과 정다운 이야기를 나눕니다. 봄이면 꿀벌들은 개나리, 진달래, 민들레 등 여러 꽃님들과 지난 겨울에 있었던 재미있는 이야기를 나눈답니다.
>
> 겨우내 어두운 통 속에 갇혀 살던 꿀벌들에게는 모든 이야기가 다 새롭고 재미있지요. 그러나 꿀벌들의 하루가 그렇게 한가로운 것만은 아니랍니다. 꿀벌들은 꽃님들과 이야기를 나누면서도 쉬지 않고 일을 한답니다. 집으로 돌아올 때에는, 꽃님들이 주는 맛있는 꿀을 듬뿍 받아 가지고 온답니다.

1. 글에서 자주 등장하는 단어를 찾아 ○ 해 보세요.

2. 글에서 설명하고 있는 중요한 단어는 무엇일까요?

3. 글에서 설명하는 것과 그 특징을 아래 칸에 채워 넣어 보세요.

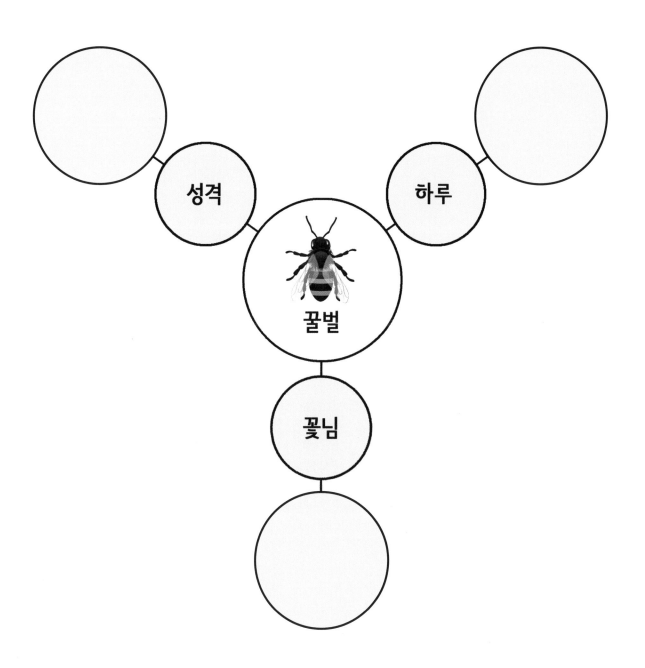

단계
02

5차시 ▶

📖 **학습 목표** 등장인물들의 관계를 알고, 인물의 성격을 파악할 수 있다.

📖 등장인물의 성격을 파악하기

> ❖ **인물의 성격을 어떻게 알 수 있을까?**
>
> 1. 인물의 성격은 인물의 말과 행동, 생각을 통하여 종합적으로 드러나는 것으로 사건의 전개에 영향을 크게 끼친다.
> 2. 인물의 성격은 주로 도덕성과 개성으로 정의할 수 있으나 학생들에게는 이를 구별하여 지도하기보다는 '사람이 지닌 특유한 성질이나 품성' 정도로 정리하는 것이 좋다.

📖 인물망 및 인물 관계도 만들기

> ❖ **인물망(Character web) 만들기**
>
> 인물망은 망의 형태로 인물을 분석하는 데 초점을 두는 활동입니다. 인물의 말과 행동을 통하여 성격을 짐작하여 표현하는 과정에서 인물을 이해하는 능력과 정교성을 기를 수 있습니다. 가운데에는 인물의 이름을 나타내고, 다음으로 인물의 성격을 제시하고 이를 뒷받침하는 텍스트의 근거를 나중에 제시합니다.
>
> ❖ **인물 관계도**
>
> 인물 관계도는 이야기를 이끌어가는 주인공을 중심으로 기본적인 관계도를 구성하는 것을 말한다. 인물의 성격과 역할을 한눈에 알아볼 수 있으며, 주인공과 등장인물들의 관계를 명확하게 알 수 있다.
>
>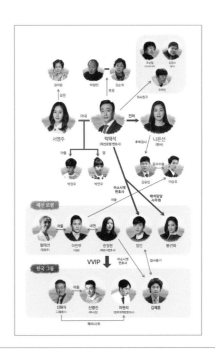

교사와 함께하기

5-1차시

 도입학습

📖**학습 목표** 등장인물들의 관계를 알고, 인물의 성격을 파악할 수 있다.

1. 인물의 성격을 나타내는 그림카드와 단어들을 찾아봅시다.

📓 ⅡP교사 팁 부록으로 그림카드가 제시되어 있습니다.

| 간단하다. | 감동적이다. | 소극적이다. | 새롭다. | 착하다. | 게으르다. |
| 심술궂다. | 부지런하다. | 욕심이 많다. | 겁이 많다. | 적극적이다. | |

1)

2)

3)

4)

5)

2. 인물의 성격을 나타내는 단어들에 ○ 해 보고, 아래의 뜻에 맞는 단어를 찾아 적어 보세요.

짓궂다.	미련하다.	사납다.	우울하다.	슬프다.
앞장서다.	침착하다.	퉁명스럽다.	간편하다.	다정하다.	신중하다.

1) [   ] : 마음이나 분위기 등이 가라앉아 조용하다.

2) [   ] : 성질이나 행동이 모질고 거칠다.

3) [   ] : 어떤 일을 할 때 매우 생각이 깊고 조심스럽다.

4) [   ] : 말씨나 행동이 친절하거나 공손하지 않고 못마땅하고 불쾌한 듯하다.

5) [   ] : 정이 많고 마음이 따뜻하다.

5-2차시 ▶  적용학습

📖 **학습 목표** 등장인물들의 관계를 알고, 인물의 성격을 파악할 수 있다.

📖 아래 지문을 읽어 봅시다.

> 옛날에 아주 부지런하고 지혜로운 농부가 살고 있었어. 하루는 밭을 일구고 있었지. 땀을 뻘뻘 흘리면서 괭이로 돌을 골라냈어. 그런데 옆 동굴에 사는 심술쟁이 도깨비가 심술을 부렸지.
> "에잇, 시끄러워 못 살겠네. 이 도깨비 어르신의 단잠을 방해하는 녀석을 반드시 혼내 주고 말테야."
> 이런 도깨비의 마음을 모르는 농부는 열심히 괭이질만 하였지.
> "여차, 여차."
> 해가 뉘엿뉘엿 넘어가자 농부는 일을 마치고 집으로 돌아갔지. 도깨비는 슬그머니 농부의 뒤를 따라갔어. 집에 들어서는 농부를 그의 아내는 반갑게 맞아 주었어.
> "여보, 일하느라 고생이 많았어요. 어서 들어와서 쉬세요."
> 농부를 반갑게 맞이하는 아내를 본 도깨비는 더욱 심술이 났지.
> "난 말이야, 사람들이 재미있고 행복하게 사는 걸 보면 화가 나. 두고 봐라! 혼을 내 주고 말테야."
> 이튿날, 밭에 간 농부는 깜짝 놀랐지. 어제 하루 종일 힘들게 골라낸 돌들이 다시 밭으로 들어와 있는 것이 아니겠어?
> '이건 틀림없이 심술궂은 도깨비의 짓이로구나. 그렇다면…'

1. 등장인물들을 인물망으로 정리하여 봅시다. (말, 행동 - 성격 / 하나씩만 해야 함)

   1)

2)

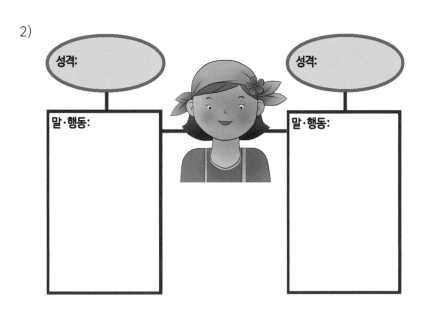

성격:

말·행동:

성격:

말·행동:

3)

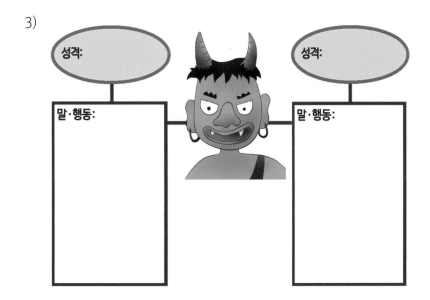

성격:

말·행동:

성격:

말·행동:

5-3차시 🦉 적용학습

📖 **학습 목표** 등장인물들의 관계를 알고, 인물의 성격을 파악할 수 있다.

📓 아래 지문을 읽어 봅시다.

> 미술 시간이 되었습니다.
>
> 선생님께서 자기 가족의 모습을 그려 보라고 하셨습니다. 아이들은 모두 열심히 그림을 그렸습니다.
>
> "민숙이 좀 봐."
>
> 도희의 말에 동건이는 앞자리의 민숙이를 보았습니다.
>
> 민숙이는 도화지를 놓고 가만히 앉아 있었습니다. 동건이가 말했습니다.
>
> "크레파스가 없나 봐."
>
> "우리 크레파스를 같이 쓰자고 민숙이에게 말할까?" 도희가 말했습니다.
>
> 민숙이는 아버지, 남동생과 함께 살고 있습니다.
>
> 민숙이의 아버지께서는 오랫동안 앓아누워 계십니다.
>
> 동생 영호는 1학년입니다. 민숙이는 크레파스를 동생 영호와 함께 씁니다. 그래서 영호에게 미술 시간이 있는 날에는 민숙이는 크레파스를 가지고 오지 못합니다.
>
> 그때 마침 선생님께서 크레파스를 민숙이에게 건네 주시면서
>
> "민숙이가 크레파스가 없구나. 선생님 것을 빌려줄게. 우선 이걸 쓰도록 하렴."
>
> 하고 말씀하셨습니다. 수업이 다 끝났습니다. 집에 가는 길에 도희가 동건이에게 말하였습니다.
>
> "우리 둘이서 민숙이에게 크레파스를 사 주자. 그러면 민숙이도 그림을 잘 그릴 수 있을 거야."
>
> "그래, 선생님께서는 친구가 어려울 때에 도와주어야 한다고 하셨어. 민숙이도 좋아할 거야."
>
> 동건이와 도희는 왠지 마음이 아주 흐뭇했습니다.

1. 등장인물들을 인물망으로 정리하여 봅시다.

📖 💬교사 팁 부록의 등장인물 그림을 사용하세요.

1)

성격:

그림:

말 · 행동:

2)

성격:

그림:

말 · 행동:

3)

성격:

그림:

말 · 행동:

4)

성격:

그림:

말 · 행동:

5-1차시 ▶  도입학습

📖 **학습 목표** 등장인물들의 관계를 알고, 인물의 성격을 파악할 수 있다.

1. 아래 성격을 나타내는 구절을 큰 소리로 읽어 봅시다. 그리고 긍정적인 성격을 나타내는 구절은 ○로, 부정적인 성격을 나타내는 구절은 □로, 긍정적이지도 않고 부정적이지도 않다고 생각되는 성격을 나타내는 구절은 △로 색칠해 보세요.

겁이 많은	비굴한	냉정한	현명한	고집 센
생각이 깊은	질투심이 많은	이기적인	예의 바른	긴장되는
슬기로운	솔직하지 않은	짜증스러운	차분한	독립적인
화난	예술적인	대담한	책임감 있는	성실한
재미있는	조심스러운	지루한	흥미로운	슬퍼하는

2. 아래 세 가지 성격과 유사한 성격을 나타내는 단어를 위 상자에서 찾아보세요.
   1) 똑똑한: 지혜로운, 현명한, _____
   2) 재미있는: 유머러스한, 재치 있는, _____
   3) 용감한: 씩씩한, 겁이 없는, _____

3. 내가 생각하는 나의 성격을 나타내는 단어는 무엇이 있을까 생각해 보고, 본인의 얼굴을 그려 보세요.

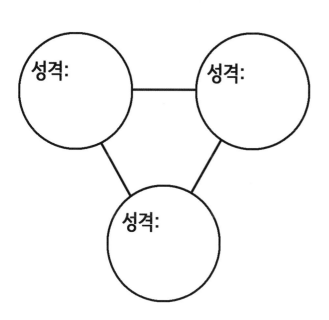

5-2차시 　▶ 　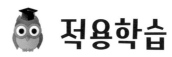 적용학습

📖 **학습 목표** 등장인물들의 관계를 알고, 인물의 성격을 파악할 수 있다.

✏ 아래 지문을 읽어 봅시다.

"여러분, 비숑 선생님이십니다. 자, 이제 선생님은 갈 테니까 새로 오신 선생님 말씀을 잘 듣도록 하세요."

나는 비숑 선생님께서 목요일 아침에 아이들을 칠판 앞에 내보내게 생겼나 안 생겼나 알아내려고 얼굴을 자세히 쳐다본다.

아, 그런데 믿을 수 없는 일이 일어나고 있었다. 새로 오신 선생님의 귀가 빨개지신 것이다. 꼭 나처럼! 그리고 손수건을 돌돌 말고 계시는 것이다. 나도 칠판 앞에 나가면 그러는데…

선생님께서는 눈을 얻다 두어야 할지를 모르고 계셨다. 22명의 아이들이 선생님만 쳐다보고 있었기 때문이다. 22 더하기 22. 나는 재빨리 계산을 해 보았다. 44. 겁이 나는데 44개의 눈동자가 쳐다보고 있다는 것은 끔찍한 일이다.

"자, 누구 칠판 앞으로 나와 보겠어요?" 아니, 이럴수가! 또 시작이었다.

하지만 선생님을 도와드리고 싶은 마음이 생겼다. 나는 손을 번쩍 들고 말하였다. "저요!"

선생님께서는 한시름 놓으시는 것 같이 보였다. 선생님께서 내게 웃어 보이셨고, 나는 처음으로 친구들 가방에 걸려 넘어지지 않고 칠판 앞까지 나갔다. 선생님께서 질문을 하시기도 전에 나는 내가 아는 구구단을 모조리 다 외워 버렸다.

1. 등장인물들의 행동과 말을 채워 넣고, 알 수 있는 성격을 한 가지 적어 보세요.

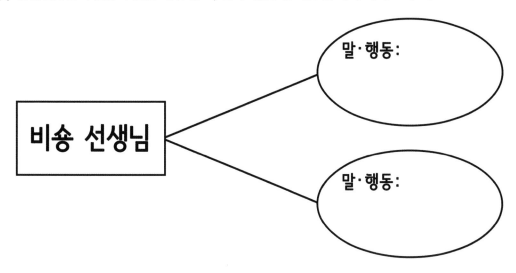

비송 선생님

말·행동:

말·행동:

성격: _____

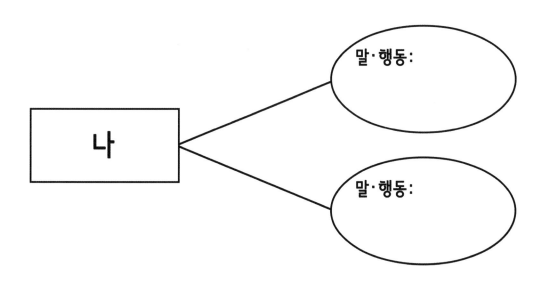

나

말·행동:

말·행동:

성격: _____

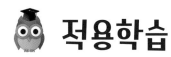 적용학습

📖 **학습 목표** 등장인물들의 관계를 알고, 인물의 성격을 파악할 수 있다.

✏️ 아래 지문을 읽어 봅시다.

> 그러던 어느 날 소년이 돌아왔습니다.
>
> 나무는 몹시 기뻐서 몸을 흔들며 말하였습니다.
>
> "애야, 내 줄기를 타고 올라오렴. 가지에 매달려 그네도 뛰고 즐겁게 지내자."
>
> "난 나무에 올라갈 만큼 한가롭지 않단 말이야."
>
> 소년이 말하였습니다.
>
> "내겐 따뜻하게 지낼 집이 필요해. 아내도 있어야 하고, 자식도 있어야겠고, 그래서 집이 필요하단 말이야. 나에게 집 한 채 마련해 줄 수 없겠니?"
>
> "나에게는 집이 없단다…"
>
> 나무가 대답하였습니다.
>
> "이 숲이 나의 집이지. 하지만 내 가지들을 베어다가 집을 짓지 그래. 그러면 행복해 질 수 있을 거야."
>
> 그러자 소년은 나뭇가지를 베어서 집을 지으려고 가지고 갔습니다.
>
> 그래서 나무는 행복하였습니다.

1. 등장인물들의 행동과 말을 채워 넣고, 알 수 있는 성격을 한 가지 적어 보세요.

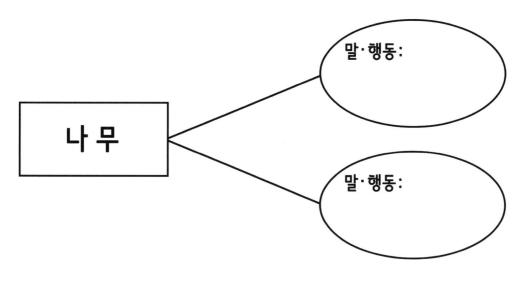

나 무

말·행동:

말·행동:

성격: _____

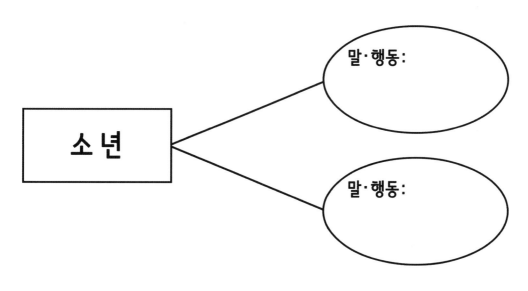

소 년

말·행동:

말·행동:

성격: _____

6차시 ▶ ⏱ 개념 및 원리

📖 **학습 목표** 글을 읽고 원인과 결과를 정리할 수 있다.

📖 원인과 결과

> ❖ **원인이란?**
>
> 어떤 일이 일어나게 만든 까닭입니다.
>
> ❖ **결과란?**
>
> 원인으로 인하여 일어난 일을 말합니다.
>
> 　이야기는 시간의 흐름이나 공간의 이동에 따른 사건의 진행을 인과관계를 중심으로 서술합니다. 이야기 간추리기는 문학 작품에 대한 인상을 명료하게 해 주고 읽는 이가 자신의 주관에 따라 이야기를 재구성하는 활동입니다. 이야기의 내용을 간추릴 때에는 시각화 자료를 이용합니다. 특히 원인과 결과를 간추려 말할 때에는 전체적인 내용을 파악하고 내용을 간추리는 활동이 우선되어야 합니다. 이야기 사건의 흐름을 나타내는 흐름도나 원인과 결과를 중심으로 사건을 정리할 수 있는 표를 만들어 제시하는 것이 좋습니다.
>
> 어떤 한 사건이 다른 사건을 일어나게 했을 때,
> 원인은 "왜 일어났는가?"에 해당하며 결과는 "무엇이 일어났는가?"에 해당한다.
>
>

📖 원인과 결과가 드러나게 이야기 간추리기

> 　원인과 결과를 중심으로 이야기를 간추리는 방법은 다음과 같습니다.
>
> 첫째, 이야기를 처음부터 끝까지 집중해서 듣는다.
> 둘째, 이야기에서 나타난 인물을 중심으로 일어난 사건이나 일을 찾아본다.
> 셋째, 사건이나 일이 어떻게 되었는지 알아본다. 이것이 '결과'이다.
> 넷째, 사건이나 일을 그러한 상태로 만든 까닭을 찾아본다. 이 일이 '원인'이다.
> 다섯째, 자신이 찾은 원인과 결과의 관계가 적절한지 확인한다.
> 여섯째, 원인과 결과를 중심으로 인물에게 일어난 일을 정리한다.

🍎 도입학습

6-1차시 ▶

📖 **학습 목표** 글을 읽고 원인과 결과를 정리할 수 있다.

1. 원인과 결과 알기–원인과 결과에 해당하는 그림에 선을 이어 보세요.

📓 💬**교사 팁** 부록으로 그림카드가 제시되어 있습니다.

1)

수학 공부를 열심히 하였다.

학교에 지각할 뻔했다.

2)

요리를 하려고 양파를 썰었다.

수학 시험에서 만점을 받았다.

3)

상호는 밤늦게까지 TV를 보았다.

눈물이 났다.

4)

음식을 많이 먹었다.

배탈이 났다.

6-2차시 ▶ 🍎 도입학습

📖 **학습 목표** 글을 읽고 원인과 결과를 정리할 수 있다.

🔵 원인과 결과를 알아보기: 그림에 해당하는 원인 또는 결과를 적어 보세요.

1. 병원에서 오래 기다려야 했다.

   원인은?

   1) 의사 선생님이 없어서

   2)

   3)

2. 일 하다가 잠이 들었다.

   결과는?

   1)

   2)

   3)

3. 공부를 하는데 어깨가 갑자기 아팠다.

원인은?

1)

2)

3)

4. 친구끼리 다툼을 하였다.

결과는?

1)

2)

3)

6-3차시

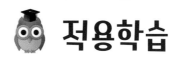 **적용학습**

📖 **학습 목표** 글을 읽고 원인과 결과를 정리할 수 있다.

✏ 아래 지문을 읽어 봅시다.

재훈이의 일기

5월 31일 화요일 / 날씨: 비

나는 학교가 끝나고 집에 오는 길에 준하하고 아이스크림을 사 먹었다. 아침 용돈이 남아 있어서 나는 한 개를 더 사 먹었다. 아이스크림은 참 시원하고 달콤하였다. 준하와 아이스크림을 먹으며 놀이터 앞을 지나가는데 비가 오기 시작하였다. 나와 준하는 시원한 비를 맞으며 시소를 신나게 탔다. 집에 와서 숙제를 하려는데 갑자기 춥고 배가 아프기 시작하였다. 너무 아파서 어머니와 병원에 갔다. 의사 선생님께서는 "찬 음식을 많이 먹어서 배가 아프고, 오랜 시간 비를 맞아 열도 많이 나는군요."라고 하셨다. 의사 선생님의 말씀을 듣고 나는 오늘 일었던 일을 떠올려 보았다.

---

1. 원인과 결과에 따라 그림의 순서를 정하여 그림카드를 아래의 표에 붙여 보세요.

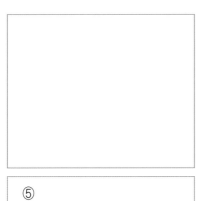 교사 팁 부록으로 그림 카드가 제시되어 있습니다.

①	→	②	→

③	→	④	→

⑤

2. 원인과 결과에 따라 이야기 간추려 보기: 위의 그림의 순서에 맞게 아래 흐름도 표에 이야기를 간추려
   적어 보세요.

①

↓

②

↓

③

↓

④

↓

⑤

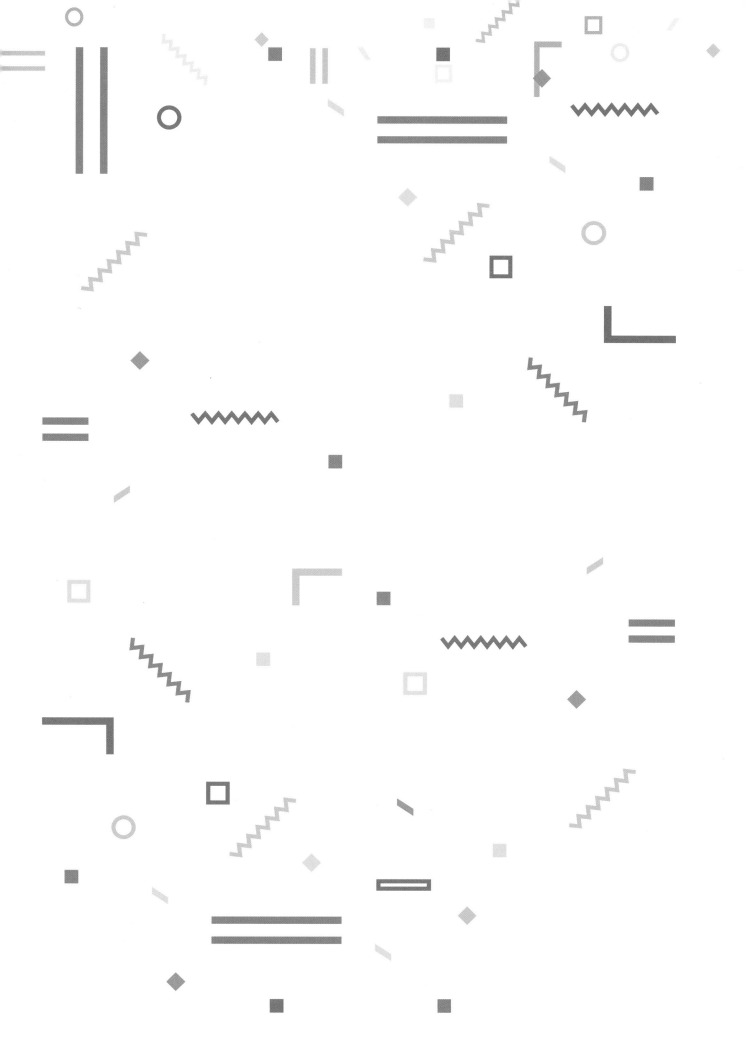

6-1차시 ▶

 **도입학습**

📖 **학습 목표** 글을 읽고 원인과 결과를 정리할 수 있다.

1. 아래 지문 두 개를 읽고 난 후, 상황의 <u>원인이 되는 문장</u>은 빨간색으로, 상황의 <u>결과가 되는 문장</u>은 <u>파란색</u>으로 밑줄을 그어 봅시다.

선생님께,

  안녕하세요? 저는 서혁우입니다. 저희를 언제나 사랑으로 대해 주셔서 고맙습니다.

  선생님, 요즈음 들어 고민이 생겼어요. 칠판의 글씨가 뿌옇게 보여서 불편해 졌거든요. 죄송하지만 자리를 앞쪽으로 옮겨 주세요. 앞쪽 자리로 옮기면 칠판이 훨씬 잘 보이고 공부도 잘 될 것 같아요. 부탁드립니다.

                                    서혁우 올림

교장 선생님께,

  안녕하세요? 저는 3학년 해님 반 반장 이소영입니다. 부탁드리고 싶은 것이 있어서 이렇게 글을 씁니다.

  우리 학교는 아름답기는 하지만 친구들과 운동을 하려고 하면 운동 기구가 부족하여 불편한 점이 많습니다. 우리 학교 운동장에 여러 가지 운동 기구를 설치하여 주시면 좋겠습니다. 그러면 저희가 더 편리하고 즐겁게 운동을 할 수 있을 거예요. 감사합니다.

---

2. 위의 밑줄 그은 부분을 원인과 결과를 잇는 문장으로 자연스럽게 만들어 보세요.

    1) 혁우는 _____ 때문에

    _____ 을/를 부탁하였다.

    2) 소영이는 _____ 때문에

    _____ 을/를 부탁하였다.

3. 위의 문장처럼 나의 부탁을 원인과 결과의 형식으로 부모님한테 말씀드려 보세요.

    저는 _____ 때문에

    _____ 을/를 부탁드립니다. 감사합니다.

6-2차시 ▶

🍎 도입학습

📖 **학습 목표** 글을 읽고 원인과 결과를 정리할 수 있다.

📝 아래의 원인을 읽고 <u>결과로 해당될 수 없는</u> 글을 찾아 동그라미 하세요.

1. 원인: 숙제가 어려워서…
   ① 친구한테 도움을 요청했다.
   ② 선생님께 여쭈어 보았다.
   ③ 동생을 도와주었다.
   ④ 다시 복습을 하였다.

2. 원인: 몸이 아파서…
   ① 병원에 갔다.
   ② 어머니가 달려 오셨다.
   ③ 집에 가서 쉬었다.
   ④ 수영장에 가서 놀았다.

3. 원인: 배가 고파서…
   ① 집에서 혼자 라면을 끓여 먹었다.
   ② 숙제를 하였다.
   ③ 동생과 함께 햄버거를 사러 갔다.
   ④ 어머니가 사 놓으신 빵을 먹었다.

4. 원인: 친구랑 싸워서…
   ① 밥을 먹었다.
   ② 친구한테 전화를 해서 풀고 싶었다.
   ③ 부모님한테 상담을 하였다.
   ④ 혼자 잘못된 부분을 생각해 보았다.

📝 아래의 결과를 읽고 <u>원인으로 해당될 수 없는</u> 글을 찾아 동그라미 하세요.

5. 결과: 하루 종일 몸이 힘들었다.
   ① 오늘 공부를 많이 하여서
   ② 잠을 많이 자서
   ③ 어제 동생 숙제를 많이 도와주어서
   ④ 몸이 아파서

6. 결과: 화가 났다.
   ① 누나/형이랑 싸워서
   ② 친구가 내 장난감을 뺏어가서
   ③ 어머니가 나를 오해해서
   ④ 행복하게 하루를 보내서

7. 결과: 오늘은 슬펐다.
   ① 놀이동산에서 신나게 놀아서
   ② 할머니가 돌아가셔서
   ③ 친구랑 다투어서
   ④ 시험을 잘 못 보아서

8. 결과: 이사를 갔다.
   ① 아버지 직장이 바뀌어서
   ② 어머니 직장이 바뀌어서
   ③ 지금 우리 동네가 좋아서
   ④ 할아버지 할머니와 같이 살게 되어서

6-3차시

🍎 도입학습

📖 **학습 목표** 글을 읽고 원인과 결과를 정리할 수 있다.

1. 원인과 결과에 해당하는 그림에 선을 이어 보세요.

1)

피곤해서

빨래를 했다.

2)

선생님 말씀을 안 들어서

방과 후에 벌을 받았다.

3)

동생이랑 싸워서

잠을 잤다.

4)

옷이 너무 더러워져서

어머니한테 꾸지람을 들었다.

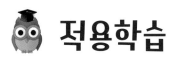

6-4차시 ▶ 🦉 적용학습

📖 **학습 목표.** 글을 읽고 원인과 결과를 정리할 수 있다.

📖 아래 지문을 읽어 봅시다.

> 옛날 옛적, 어느 산골에 착한 할아버지와 할머니가 자식도 없이 외롭게 살고 있었습니다. 어느 날, 할아버지가 나무를 하러 깊은 산속에 들어갔다가 샘을 발견하였습니다. 목이 마른 할아버지는 샘물을 꿀꺽꿀꺽 마셨습니다.
>
> "어, 시원하구나."
>
> 그런데 이게 웬일입니까? 할아버지의 주름투성이 얼굴이 젊은이의 얼굴로 변하여 있지 않겠어요? 젊은이로 변한 할아버지가 집으로 돌아오자 할머니가 깜짝 놀라 물었습니다.
>
> "아니, 젊은이는 누구요?"
>
> "하하하, 나요, 나!"
>
> 이튿날, 할아버지는 할머니를 그 샘으로 데려갔습니다. 샘물을 마신 할머니도 젊어졌습니다.
>
> 같은 동네에 살던 욕심쟁이 할아버지도 그 이야기를 듣고 샘물을 마시러 산속으로 갔습니다.
>
> 욕심쟁이 할아버지는 젊어지고 싶은 마음에 샘물을 마시고 또 마셨습니다. 그런데 너무 많이 마신 걸까요? 욕심쟁이 할아버지는 그만 아기가 되고 말았습니다.

1. 시간에 따른 원인과 결과를 그림으로 이해해 보세요. 그림의 순서를 정하고 1번부터 5번까지 숫자를 넣어서 이야기를 순서대로 간추려 보세요.

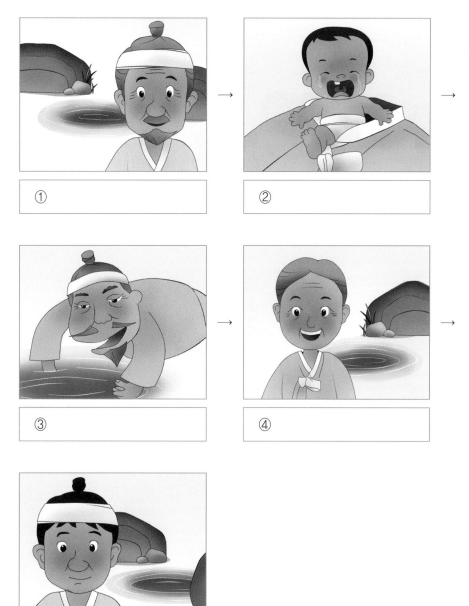

①

②

③

④

⑤

2. 원인과 결과에 따라 이야기 간추려 보기: 위의 그림의 순서에 맞게 아래 흐름도 표에 이야기를 간추려
   적어 보세요.

①

↓

②

↓

③

↓

④

↓

⑤

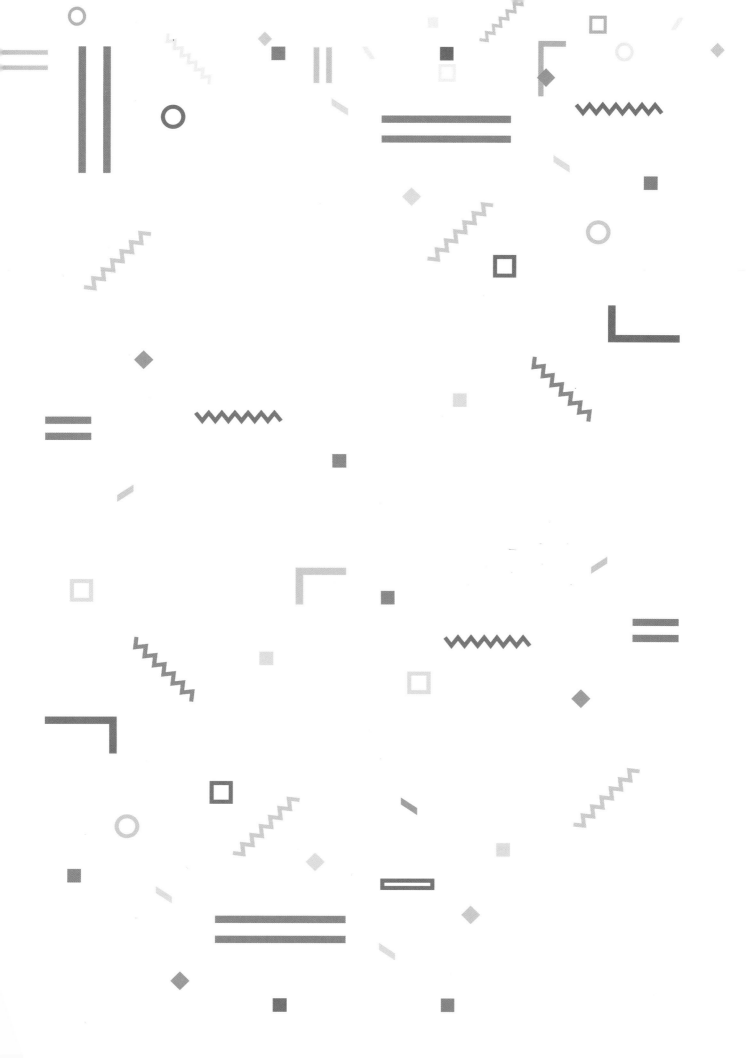

7차시 ⏱ 개념 및 원리

📖 학습 목표 글을 읽고 중심 낱말과 글의 짜임을 안다.

✒ 중심 낱말 찾기

❖ 중심이란?

① 사물의 한 가운데
② 사물이나 행동에서 매우 중요하고 기본이 되는 부분입니다.

중심 낱말이란 글에서 가장 중요한 낱말이라는 뜻입니다. '낱말'이라함은 하나의 덩어리를 일컫는데, '중심 낱말'의 낱말에는 하나의 어절도 포함이 됩니다. 중요한 것은 '낱말'이 아니라 '중심'에 있습니다.

✒ 구조도 그리기

구조도 그리기는 각 문단에 핵심이 될 만한 그림을 제시하고, 학생이 글에 대한 이해를 바탕으로 각 단락을 요약하는 활동입니다. 단순히 각 단락을 학생 스스로 요약하는 활동이 아니라 중심문장의 단서가 될 만한 자료를 제시한다는 점에서 그 특징이 있습니다. 학생들은 각 문단을
요약하고, 이를 바탕으로 자유롭게 발표할 수도 있고, 짝과 함께 토의를 거쳐 수정을 할 수도 있으며, 조별로 함께 요약을 할 수 있는 등 다양한 형태로 활용할 수 있습니다.

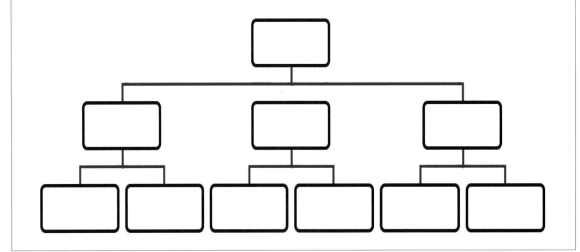

🍎 도입학습

📖 **학습 목표** 글을 읽고 중심 낱말과 글의 짜임을 안다.

1. 아래의 로봇 그림 카드들을 보고 자유롭게 이야기해 보세요.

   📓 ⑰ **교사 팁** 부록으로 그림 카드가 제시되어 있습니다.

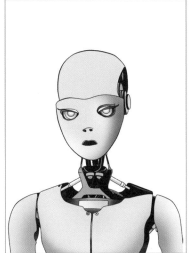
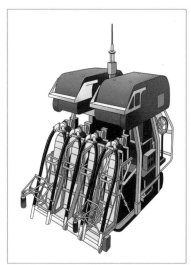

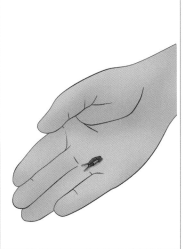
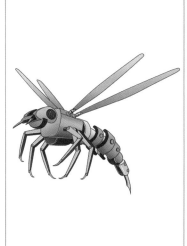

2. 이번에는 아래의 표에 그림 카드를 분류해 보세요.

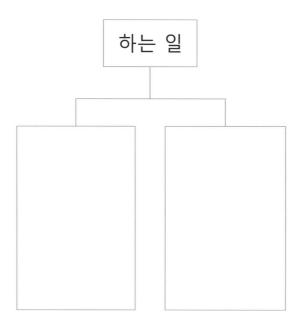 교사 팁 부록의 그림 카드를 오려서 붙여 보세요.

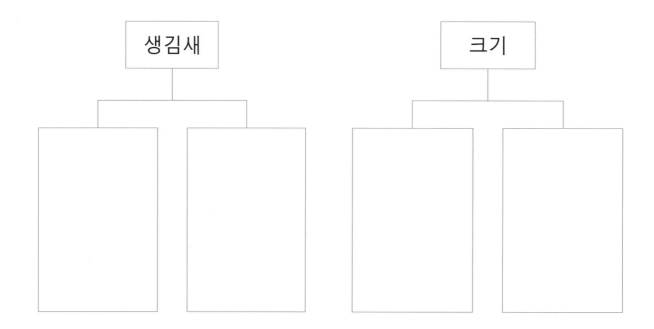

 적용학습

7-2차시 ▶

학습 목표 글을 읽고 중심 낱말과 글의 짜임을 안다.

📖 아래 글을 읽어 보세요.

> 만화나 영화에서 로봇을 본 적이 있나요? 로봇은 사람이 시키는 대로 움직이거나 사람이 할 일을 대신하여 움직이는 기계를 말합니다.
>
> 로봇은 하는 일에 따라 여러 가지로 나눌 수 있습니다. 도둑이 집에 들어오는 지를 감시하는 로봇이 있습니다. 이 로봇은 도둑이 들어오면 먼저 도둑에게 경고를 합니다. 그리고 재빨리 주인에게 도둑이 들어왔음을 알리고 경찰에 신고합니다. 깊은 바다에 들어가서 필요한 자원을 캐는 로봇도 있습니다. 이 로봇은 바닷 속에서 자유롭게 움직이면서 필요한 자원을 찾습니다.
>
> 로봇은 크기가 다양합니다. 크기가 큰 로봇은 사람보다 몇 배나 키가 큽니다. 그런가 하면 크기가 아주 작은 로봇도 있습니다. 크기가 작은 로봇은 동전보다도 작습니다. 그래서 우리가 로봇을 알약처럼 삼키면 로봇은 우리 몸속에서 병을 찾아 치료하기도 합니다.
>
> 로봇은 생김새도 다양합니다. 곤충을 닮은 로봇도 있고 사람을 닮은 로봇도 있습니다. 곤충을 닮은 로봇 중에는 하늘을 나는 로봇도 있습니다. 사람의 얼굴을 닮은 로봇은 사람처럼 표정을 지을 수 있습니다.

1. 이 글의 중심 낱말은 무엇일까요?

2. 아래의 표에 글로 적어 보세요.

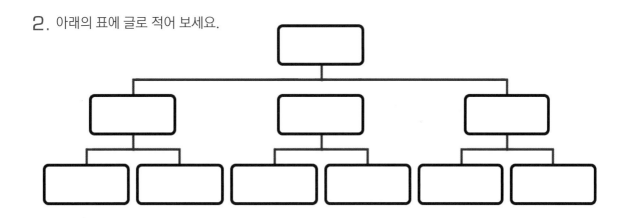

7-1차시 ▶

 도입학습

📖 **학습 목표** 글을 읽고 중심 낱말과 글의 짜임을 안다.

1. 아래의 그림 카드들을 자유롭게 분류해 보세요.

2. 이번에는 아래의 표에 그림 카드를 분류하여 붙여 보세요.

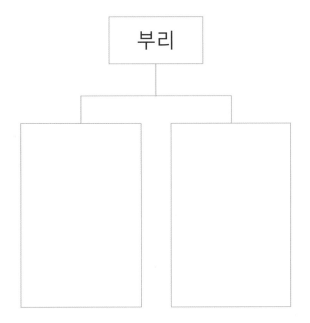 교사 팁 부록의 그림 카드를 오려서 붙여 보세요.

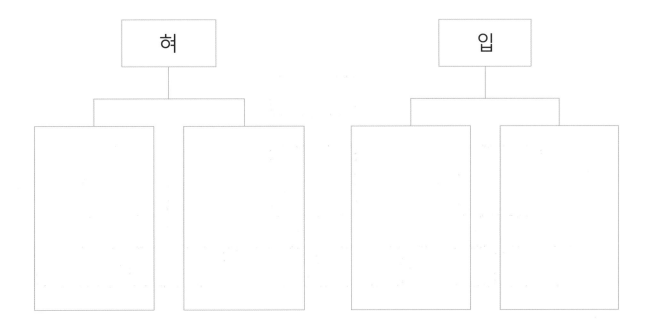

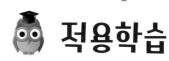 **적용학습**

📖 **학습 목표** 글을 읽고 중심 낱말과 글의 짜임을 안다.

📑 아래 글을 읽어 보세요.

> 우리가 아는 동물은 대부분 이빨이 있습니다. 동물은 이빨로 먹이를 잡거나 씹어서 삼킵니다. 그러나 이빨이 없는 동물도 많이 있습니다. 이가 없는 동물도 저마다 다른 방법으로 먹이를 먹습니다.
>
> 부리를 이용하여 먹이를 먹는 동물이 있습니다. 독수리는 튼튼하고 끝이 갈고리처럼 구부러진 부리로 먹이를 찢어 먹습니다. 딱따구리는 가볍고 단단한 부리로 구멍을 파 나무에 숨어 있는 곤충을 잡아 먹습니다.
>
> 혀로 먹이를 잡거나 먹는 동물도 있습니다. 두꺼비는 짧지만 길고 넓은 혀로 번개처럼 빠르게 벌레는 잡아 삼킵니다. 달팽이는 치설이라고 하는, 강판처럼 거친 혀로 잎이나 꽃을 갉아 먹습니다.
>
> 입으로 먹이를 빨아들이거나 물과 함께 마시는 동물도 있습니다. 바다에 사는 해마는 기다란 주둥이 끝에 달린 진공청소기처럼 생긴 긴 입으로 아주 작은 동물을 빨아들입니다. 흰긴수염고래와 같이 고래수염이 있는 고래들은 크릴새우를 바닷물로 함께 들이 마십니다.

1. 이 글의 중심 낱말은 무엇일까요?

2. 아래의 표에 글로 적어 보세요.

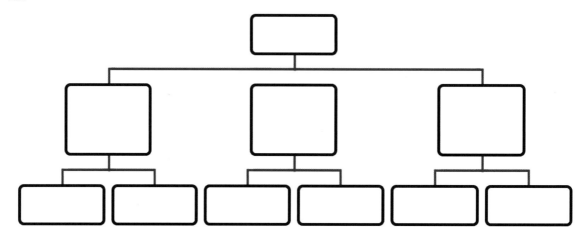

스스로 하기

7-3차시

🍎 **도입학습**

📖 **학습 목표** 글을 읽고 중심 낱말과 글의 짜임을 안다.

1. 아래의 그림 카드들을 자유롭게 분류해 보세요.

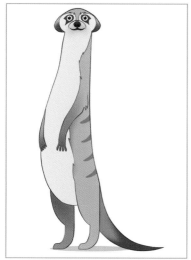

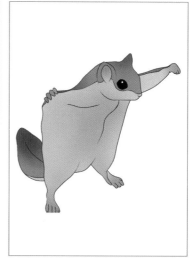

2. 이번에는 아래의 표에 그림을 분류해 보세요.

■III 교사 팁 부록의 그림 카드를 오려서 붙여 보세요.

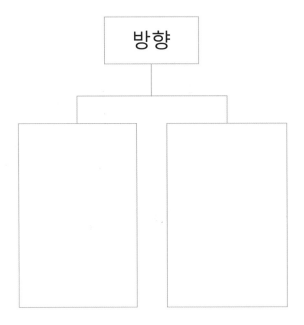

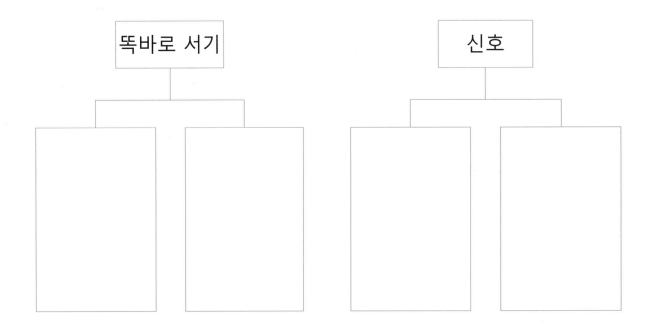

7-4차시 ▶

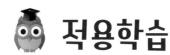 적용학습

📖 **학습 목표** 글을 읽고 중심 낱말과 글의 짜임을 안다.

📖 아래 글을 읽어 보세요.

> 동물들은 대부분 꼬리가 있어요. 꼬리는 왜 있을까요?
> 새나 하늘다람쥐처럼 나무 사이를 날아다니는 동물들은 꼬리를 움직여 방향을 잡아요. 하늘다람쥐는 나무 사이를 건널 때 꼬리로 조절해요. 그리고 많은 동물들이 꼬리를 써서 몸의 균형을 잡거나 방향을 바꿔요.
> 아주 별난 방식으로 꼬리를 쓰는 동물들도 있어요. 똑바로 서기 위하여 꼬리로 버티는 거예요! 캥거루, 미어캣, 황제펭귄 같은 동물들은 꼬리로 땅을 힘껏 누르면서 똑바로 서 있는 답니다.
> 어떤 동물들은 꼬리로 위험하다는 신호를 보낸답니다. 흰꼬리사슴이 무서운 동물을 피해 도망을 갈 때 그 꼬리를 보면 달아나려는 방향을 알 수 있어요. 비버는 위험이 다가오면 꼬리롤 물을 찰싹찰싹 쳐서 다른 비버들에게 알려 줘요.

1. 이 글의 중심 낱말은 무엇일까요?

2. 아래의 표에 글로 적어 보세요.

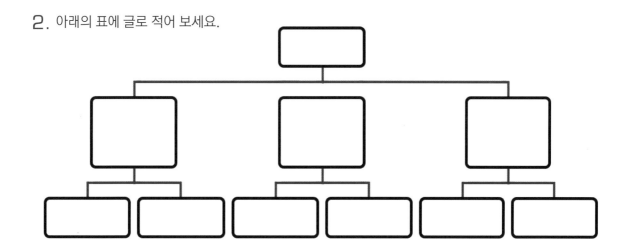

8차시 ▶ 개념 및 원리

📖 **학습 목표** 글을 읽고 세부내용을 파악할 수 있다.

📋 K−W−L 읽기 전략

읽기의 과정에서 아는 내용이나 겪은 일과 관련지어 글을 읽는 방법을 학습하는 것을 읽기 이해에 도움을 줍니다. 배경지식을 활성화하는 전략 중 하나가 바로 K.W.L. 읽기 전략입니다.

K는 내가 알고 있는 것(What I already know), W는 알고 싶은 것(What I want to know), L은 글을 읽고 난 뒤 알게 된 것(What I have learned)의 약자입니다.

❖ 지도 방법

- 관련지을 내용을 생각할 때에는 먼저 제목을 보고 관련된 지식이나 경험을 이야기하거나 제재 글을 훑어 보기 방식으로 읽도록 한 뒤에 이야기를 나눌 수 있습니다.
- 글 읽기 단계에서는 '겪은 일이나 알고 있는 내용과 비교하며 읽기', '알고 싶은 내용을 중심으로 읽기', '새로 알게 된 내용에 초점을 두고 읽기' 등의 방법을 적용할 수 있습니다.
- 읽기 후 단계에서는 아는 내용이나 경험과 관련지어 글을 읽고 새로 알게 된 내용 및 재미있는 부분을 이야기하여 보는 활동을 할 수 있습니다.

K.W.L. ChaRt

Topic: _____

K What I Already Know	**W** What I Want to Know	**L** What I Have Learned
(내가 이미 알고 있는 것)	(내가 알고 싶은 것)	(내가 알게 된 것)

질문 만들기

글을 읽은 후 그 글을 통하여 어떤 질문에 답할 수 있게 되었는가를 스스로 질문하게 하는 훈련을 함으로써 학습 효과를 높일 수 있습니다. 질문 만들기와 질문에 대답하기는 읽은 내용을 더 깊고 정교하게 합니다. 질문 만들기에서 중요한 점은 읽은 내용과 관련된 것이어야 한다는 점입니다. 질문은 글 전체의 중심 내용, 글 속의 짧은 단락의 중심 내용, 세부내용, 새로운 단어의 뜻에 관한 것일 수도 있습니다.

질문은 교사가 직접 학생들에게 단계적으로 준비된 질문을 제시하거나, 학생들이 글의 제목, 그림, 도표 등을 이용해 스스로 질문을 만들고 그에 대한 답을 찾도록 할 수 있습니다. 핵심어를 찾도록 하는 질문, 글의 주요 내용에 대한 문단별 요약을 요구하는 질문, 읽은 내용을 중심으로 다음 단계에서 어떤 일이 일어날지 예견하고 결과를 확인해 보도록 하는 질문 등을 만들 수 있습니다.

8-1차시 ▶

 적용학습

📖 **학습 목표** 글을 읽고 세부내용을 파악할 수 있다.

📖 아래 글을 읽기 전에 제목, 글의 첫 부분, 끝 부분을 훑어봅시다.

종이컵 이야기

종이컵은 컵을 편리하게 사용하기 위하여 발명되었습니다. 종이컵은 유리컵과는 달리 쉽게 깨지지 않기 때문에 어린아이나 할아버지, 할머니께는 아주 편리한 물건입니다. 그리고 종이컵은 씻지 않아도 되기 때문에 간편하게 사용할 수 있습니다.

종이컵을 만들기 위해서는 여러 가지 재료가 필요합니다. 먼저, 종이의 원료가 되는 나무가 필요합니다. 그리고 물이 필요합니다. 종이컵 한 개를 만들려면 우리가 학교에서 마시는 우유 한 갑의 양만큼 물이 있어야 합니다. 종이컵을 많이 쓰면 쓸수록 나무와 물이 점점 많이 소모됩니다. 그러니까 종이컵을 쓰면 나무와 물도 그만큼 많이 쓰게 되는 것입니다.

사용한 종이컵은 재활용할 수 있습니다. 종이컵을 재활하여 화장지나 종이봉투 등 다른 물건을 만들 수 있습니다. 종이컵 예순다섯 개로 화장지 한 개를 만들 수 있습니다. 그래서 종이컵을 재활용하면 숲을 살릴 수 있습니다. 종이컵의 재료가 되는 나무를 많이 베지 않아도 되기 때문입니다.

사용한 종이컵을 재활용하려면 종이컵을 바르게 버려야 합니다. 종이컵을 재활용하기 위해서는 사용한 종이컵을 수거함에 넣어야 합니다. 이때 종이컵 안에 껌, 이 쑤시개와 같은 쓰레기를 넣으면 종이컵을 재활용할 수 없습니다. 그러므로 종이컵 안에 쓰레기를 넣지 않고 종이컵만 종이컵 수거함에 넣어 버려야 합니다.

1. K-W-L 차트에서 K 칸에 알고 있던 것을 작성해 봅시다.

2. W 칸에 알고 싶은 것을 작성해 보세요.

3. 지문을 읽고 나서 차트의 L 칸을 완성해 봅시다.

K	W	L
알고 있던 것	알고 싶은 것	알게 된 것
• _____	• _____	• _____
• _____	• _____	• _____
• _____	• _____	• _____
• _____	• _____	• _____

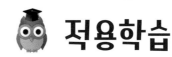

8-2차시 ▶ 🦉 적용학습

📖 **학습 목표** 글을 읽고 세부내용을 파악할 수 있다.

💿 아래 글을 읽기 전에 제목, 글의 첫 부분, 끝부분을 훑어봅시다.

종이컵 이야기

종이컵은 컵을 편리하게 사용하기 위하여 발명되었습니다. 종이컵은 유리컵과는 달리 쉽게 깨지지 않기 때문에 어린아이나 할아버지, 할머니께는 아주 편리한 물건입니다. 그리고 종이컵은 씻지 않아도 되기 때문에 간편하게 사용할 수 있습니다.

종이컵을 만들기 위해서는 여러 가지 재료가 필요합니다. 먼저, 종이의 원료가 되는 나무가 필요합니다. 그리고 물이 필요합니다. 종이컵 한 개를 만들려면 우리가 학교에서 마시는 우유 한 갑의 양만큼 물이 있어야 합니다. 종이컵을 많이 쓰면 쓸수록 나무와 물이 점점 많이 소모됩니다. 그러니까 종이컵을 쓰면 나무와 물도 그만큼 많이 쓰게 되는 것입니다.

사용한 종이컵은 재활용할 수 있습니다. 종이컵을 재활하여 화장지나 종이봉투 등 다른 물건을 만들 수 있습니다. 종이컵 예순다섯 개로 화장지 한 개를 만들 수 있습니다. 그래서 종이컵을 재활용하면 숲을 살릴 수 있습니다. 종이컵의 재료가 되는 나무를 많이 베지 않아도 되기 때문입니다.

사용한 종이컵을 재활용하려면 종이컵을 바르게 버려야 합니다. 종이컵을 재활용하기 위해서는 사용한 종이컵을 수거함에 넣어야 합니다. 이때 종이컵 안에 껌, 이 쑤시개와 같은 쓰레기를 넣으면 종이컵을 재활용할 수 없습니다. 그러므로 종이컵 안에 쓰레기를 넣지 않고 종이컵만 종이컵 수거함에 넣어 버려야 합니다.

1. 위 글에서 질문을 만들어 보세요. 자신이 만든 질문들을 질문 팽이에 옮겨 적어 보세요. 친구(혹은 부모님)와 함께 질문 수레바퀴 게임을 해 보세요.

질문1	
질문2	
질문3	
질문4	
질문5	
질문6	

2. 자신이 만든 질문지를 아래 회전판에 붙여 완성해 보세요. 짝이 만든 회전판 질문지를 이용하여 누가 더 많이 질문에 답을 맞히는지 게임을 해 보세요.

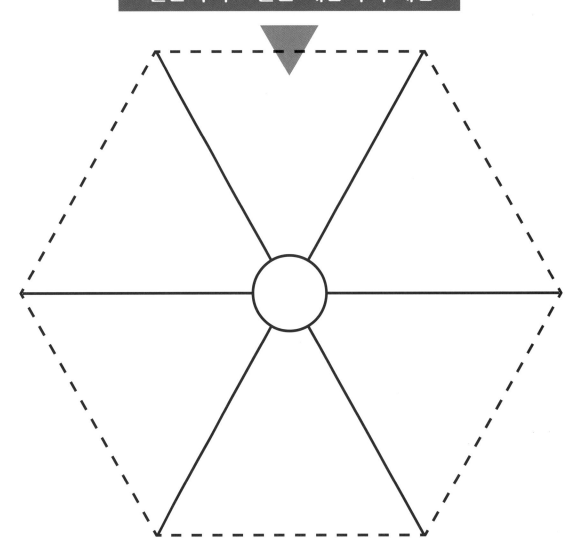

읽기 후 활동
질문하기 – 질문 대답하기 게임

교사 팁 부록으로 회전판이 제시되어 있습니다. 회전판을 잘라 사용하세요.

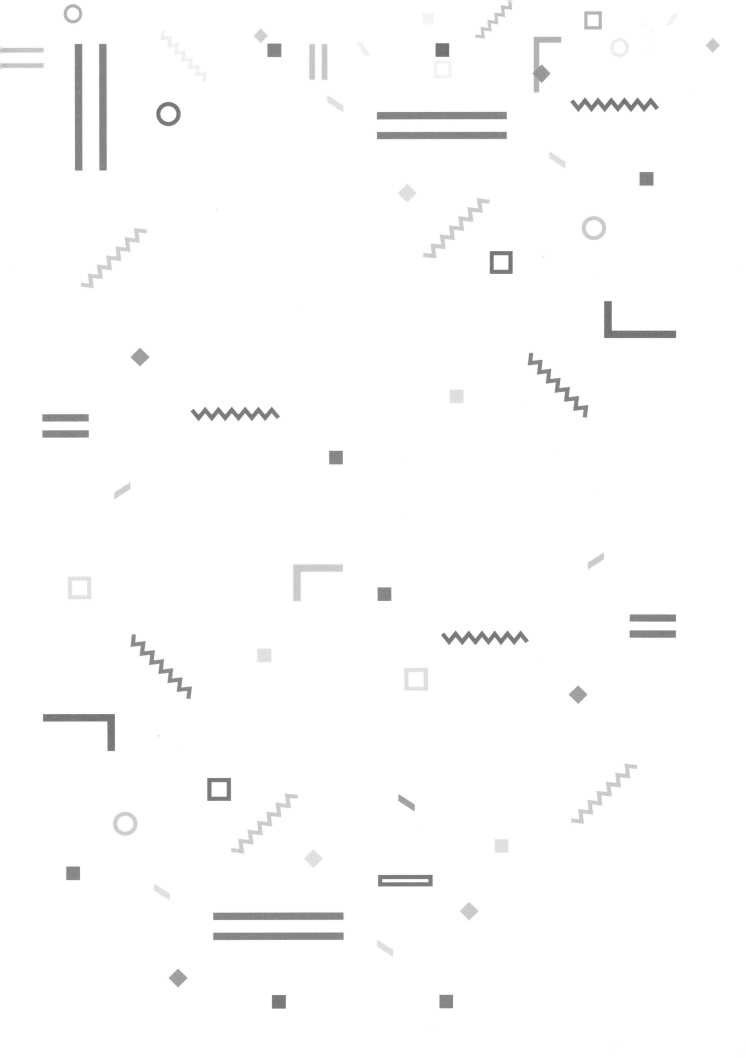

8-1차시  적용학습

📖 **학습 목표** 글을 읽고 세부내용을 파악할 수 있다.

🖊 아래 글을 읽기 전에 글의 첫 부분, 끝 부분을 훑어봅시다.

웃음의 하루 권장량은 아주 큰 소리로 1회에 1초 이상, 하루에 10회 이상이다. 웃음 권장량을 채우는 사람은 몇 명이나 될까? 어렸을 때는 하루에 평균 400번을 웃지만, 다 자란 뒤에는 하루에 평균 8번밖에 웃지 않는다고 한다. 이제는 삶의 뒷전으로 내몰았던 웃음을 되찾아야 한다.

웃음은 여러 가지 면에서 도움을 준다. 첫째, 웃음은 우리를 건강하게 해준다. 웃음은 혈압을 낮추고 혈액 순환에도 도움을 주어 면역 체계와 소화 기관을 안정시킨다. 또 산소 공급을 두 배로 증가시켜 몸이 일시에 시원해지는 기분을 느끼게 해 준다. 웃을 때 분비되는 호르몬은 육체적 피로와 통증을 잊게 해 주고, 여러 가지 스트레스를 이겨낼 수 있게 해준다.

둘째, 웃음은 아름다운 얼굴을 만드는 최고의 화장품이기도 하다. 웃는 얼굴처럼 아름다운 모습은 없다. 아무리 조각 같은 미모를 가지고 있고 멋진 화장술로 치장을 한다고 해도, 웃을 줄 모르는 사람은 표정이 없는 인형보다 나을 것이 없다. 마음을 화장하는 웃음은 그 어떤 화장품보다 눈부신 매력과 화사한 생기를 얼굴에 불어넣는다.

셋째, 사람과 사람의 마음을 이어 주는 데에도 웃음이 큰 역할을 한다. 웃음은 처음 만난 사람에게 마음의 문을 열게 하고, 인간관계의 윤활유가 된다. 실제로 사람들은 혼자 있을 때보다 다른 사람들과 함께 있을 때에 더 많이 웃는다.

넷째, 웃음은 회사나 학교생활에도 긍정적인 역할을 한다. 연구 결과에 따르면 회사 내에서 웃음은 사기를 높여 주고, 화합을 하게 하고, 창의력을 유발하여 생산성을 높인다고 한다. 또, 학습 과정에서 흥미를 가지게 하고, 기억력을 높이고, 긴장을 늦추어 주며, 학습 능률을 올린다고 한다.

1. K-W-L 차트에서 K 칸에 알고 있던 것을 작성해 봅시다.

2. W 칸에 알고 싶은 것을 작성해 보세요.

3. 지문을 읽고 나서 차트의 L 칸을 완성해 봅시다.

K	W	L
알고 있던 것	알고 싶은 것	알게 된 것
• _____	• _____	• _____
• _____	• _____	• _____
• _____	• _____	• _____
• _____	• _____	• _____

8-2차시   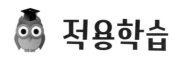 적용학습

📖 **학습 목표** 글을 읽고 세부내용을 파악할 수 있다.

✏️ 아래 글을 읽어 보세요.

> 웃음의 하루 권장량은 아주 큰 소리로 1회에 1초 이상, 하루에 10회 이상이다. 웃음 권장량을 채우는 사람은 몇 명이나 될까? 어렸을 때는 하루에 평균 400번을 웃지만, 다 자란 뒤에는 하루에 평균 8번밖에 웃지 않는다고 한다. 이제는 삶의 뒷전으로 내몰았던 웃음을 되찾아야 한다.
>
> 웃음은 여러 가지 면에서 도움을 준다. 첫째, 웃음은 우리를 건강하게 해준다. 웃음은 혈압을 낮추고 혈액 순환에도 도움을 주어 면역 체계와 소화 기관을 안정시킨다. 또 산소 공급을 두 배로 증가시켜 몸이 일시에 시원해지는 기분을 느끼게 해 준다. 웃을 때 분비되는 호르몬은 육체적 피로와 통증을 잊게 해 주고, 여러 가지 스트레스를 이겨낼 수 있게 해준다.
>
> 둘째, 웃음은 아름다운 얼굴을 만드는 최고의 화장품이기도 하다. 웃는 얼굴처럼 아름다운 모습은 없다. 아무리 조각 같은 미모를 가지고 있고 멋진 화장술로 치장을 한다고 해도, 웃을 줄 모르는 사람은 표정이 없는 인형보다 나을 것이 없다. 마음을 화장하는 웃음은 그 어떤 화장품보다 눈부신 매력과 화사한 생기를 얼굴에 불어넣는다.
>
> 셋째, 사람과 사람의 마음을 이어 주는 데에도 웃음이 큰 역할을 한다. 웃음은 처음 만난 사람에게 마음의 문을 열게 하고, 인간관계의 윤활유가 된다. 실제로 사람들은 혼자 있을 때보다 다른 사람들과 함께 있을 때에 더 많이 웃는다.
>
> 넷째, 웃음은 회사나 학교생활에도 긍정적인 역할을 한다. 연구 결과에 따르면 회사 내에서 웃음은 사기를 높여 주고, 화합을 하게 하고, 창의력을 유발하여 생산성을 높인다고 한다. 또, 학습 과정에서 흥미를 가지게 하고, 기억력을 높이고, 긴장을 늦추어 주며, 학습 능률을 올린다고 한다.

1. 위 글에서 질문을 만들어 보세요. 자신이 만든 질문들을 질문 팽이에 옮겨 적어 보세요. 친구(혹은 부모님)와 함께 질문 수레바퀴 게임을 해 보세요.

질문1	
질문2	
질문3	
질문4	
질문5	
질문6	

8-3차시 ▶

🦉 적용학습

📖 **학습 목표** 글을 읽고 세부내용을 파악할 수 있다.

🖋 아래 글을 읽기 전에 글의 첫 부분, 끝 부분을 훑어봅시다.

> 오늘날 세계에서 생산되는 곡식의 양은 70억 명이 넘는 세계 인구가 넉넉히 먹고 살 수 있을 정도예요. 이렇게 음식이 충분한데 해마다 전 세계의 수많은 어린이가 굶주림에 시달리다 죽어간다니요? 게다가 많은 청소년과 어른도 심한 영양실조에 걸려 죽어 가고 있다니, 도대체 무슨 영문일까요?
>
> "전 세계의 식량을 합치면 모든 사람이 먹고 사는 데 충분해. 그러나 나라마다 경제 수준이 달라 어떤 나라는 식량이 남아돌고, 어떤 나라는 모자라 어린이들이 굶어 죽는 거야."
>
> 그 말을 들은 연구원은 세계에서 잘사는 나라들과 가난한 나라들을 비교해 보았어요. 그 결과 가난한 나라들의 경제적 힘은 잘사는 나라의 5퍼센트도 안 된다는 사실을 알게 되었어요. 즉, 잘사는 나라의 국민들은 가난한 나라의 국민들보다 20배가 넘는 양의 빵을 가지고 있는 것과 마찬가지였지요.
>
> '가난한 나라의 아이가 빵 한 개를 먹을 때, 부자 나라의 어린이는 빵 스무 개를 먹을 수 있다니.'
>
> 그는 더 놀라운 사실을 발견했어요. 부자 나라와 가난한 나라의 격차가 점점 더 벌어지고 있다는 사실이었어요. 시간이 갈수록 그 차이가 더 벌어지고 있어요.
>
> 이처럼 부자 나라와 가난한 나라 사이의 격차는 21세기를 맞은 세계의 모든 사람이 가장 먼저 풀어야 할 심각한 문제가 되었어요. 이러한 빈부 격차와 함께 제3세계 나라 국민들의 영양실조 문제가 특히 심각하답니다. 우리가 엄마와 아빠한테 음식 투정을 부릴 때, 가난한 이웃과 가난한 나라의 아이들은 굶주림에 시달리다가 죽어 가고 있다는 사실을 결코 잊지 마세요.

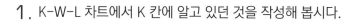

1. K-W-L 차트에서 K 칸에 알고 있던 것을 작성해 봅시다.

2. W 칸에 알고 싶은 것을 작성해 보세요.

3. 지문을 읽고 나서 차트의 L 칸을 완성해 봅시다.

K	W	L
알고 있던 것	알고 싶은 것	알게 된 것
• _____	• _____	• _____
• _____	• _____	• _____
• _____	• _____	• _____
• _____	• _____	• _____

8-4차시 ▶  적용학습

📖 **학습 목표** 글을 읽고 세부내용을 파악할 수 있다.

📝 아래 글을 읽어 보세요.

오늘날 세계에서 생산되는 곡식의 양은 70억 명이 넘는 세계 인구가 넉넉히 먹고 살 수 있을 정도예요. 이렇게 음식이 충분한데 해마다 전 세계의 수많은 어린이가 굶주림에 시달리다 죽어간다니요? 게다가 많은 청소년과 어른도 심한 영양실조에 걸려 죽어 가고 있다니, 도대체 무슨 영문일까요?

"전 세계의 식량을 합치면 모든 사람이 먹고 사는 데 충분해. 그러나 나라마다 경제 수준이 달라 어떤 나라는 식량이 남아돌고, 어떤 나라는 모자라 어린이들이 굶어 죽는 거야."

그 말을 들은 연구원은 세계에서 잘사는 나라들과 가난한 나라들을 비교해 보았어요. 그 결과 가난한 나라들의 경제적 힘은 잘사는 나라의 5퍼센트도 안 된다는 사실을 알게 되었어요. 즉, 잘사는 나라의 국민들은 가난한 나라의 국민들보다 20배가 넘는 양의 빵을 가지고 있는 것과 마찬가지였지요.

'가난한 나라의 아이가 빵 한 개를 먹을 때, 부자 나라의 어린이는 빵 스무 개를 먹을 수 있다니.'

그는 더 놀라운 사실을 발견했어요. 부자 나라와 가난한 나라의 격차가 점점 더 벌어지고 있다는 사실이었어요. 시간이 갈수록 그 차이가 더 벌어지고 있어요.

이처럼 부자 나라와 가난한 나라 사이의 격차는 21세기를 맞은 세계의 모든 사람이 가장 먼저 풀어야 할 심각한 문제가 되었어요. 이러한 빈부 격차와 함께 제3세계 나라 국민들의 영양실조 문제가 특히 심각하답니다. 우리가 엄마와 아빠한테 음식 투정을 부릴 때, 가난한 이웃과 가난한 나라의 아이들은 굶주림에 시달리다가 죽어 가고 있다는 사실을 결코 잊지 마세요.

---

1. 위 글에서 질문을 만들어 보세요. 자신이 만든 질문들을 질문 팽이에 옮겨 적어 보세요. 친구(혹은 부모님)와 함께 질문 수레바퀴 게임을 해 보세요.

질문1	
질문2	
질문3	
질문4	
질문5	
질문6	

🔖 자신이 만든 질문지를 아래 회전판에 붙여 완성해 보세요. 자신이 만든 회전판 질문지로 게임을 해 보세요.

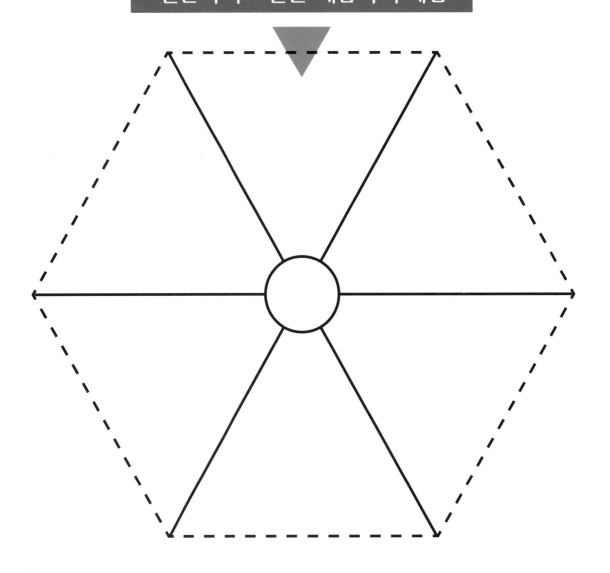

읽기 후 활동
질문하기 – 질문 대답하기 게임

단계
03

9차시 ▶ 🕐 개념 및 원리

📖 **학습 목표** 글을 읽고 글에 제시되지 않은 정보를 추론할 수 있다.

📖 추론하기

> ❖ **추론이란?**
>
> ① 알고 있는 사실을 바탕으로 하여 알지 못하는 것을 미루어 생각함.
> ② 어떠한 판단을 근거로 삼아 다른 판단을 이끌어 냄.
>
> 글에 드러나 있지 않은 정보를 이해하며 글을 읽는 것은 중요합니다. 추론하며 글의 내용을 정확하게 이해할 수 있기 때문입니다. 대체로 의식 하지 않아도 대부분의 학생들은 추론하며 책을 읽으나, 일부 학생들은 추론을 대단히 어렵게 생각하기도 합니다. 추론은 고차원적인 읽기 능력이므로 추론의 기본 원리부터 차근차근 지도하는 것이 필요합니다.

📖 추론의 전략

> ❖ **추론 전략(고든과 피어슨의 추론전략 4단계)**
>
> | 단계 | 내용 |
> |------|------|
> | 1단계 | 교사가 추론을 요하는 질문을 하고, 직접 답을 하며 어느 부분에서 답의 힌트를 얻었는지 보여 준다. |
> | 2단계 | 교사가 추론을 요하는 질문을 하고 답도 한다. 여기서는 읽은 글의 어느 부분에서 답하는 데 필요한 힌트를 찾을 수 있는지 학생들에게 찾아보게 한다. |
> | 3단계 | 교사가 추론을 요하는 질문을 하고 글 속에서 답에 대한 힌트를 찾아준다. 학생들이 답을 생각하여 낸다. |
> | 4단계 | 교사는 추론을 요하는 질문만 하고 학생이 답을 한다. 학생은 자기의 답을 정당화할 수 있는 증거를 글 속에서 찾는다. |

추론하기는 읽기 자료에 제시된 단서와 배경지식을 활용합니다.

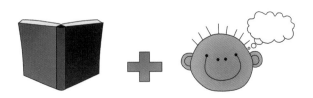

9-1차시 ▶

📚 도입학습

📖 **학습 목표** 글을 읽고 글에 제시되지 않은 정보를 추론할 수 있다.

🖥 추론 게임하기: 부록에 제시되어 있는 카드들을 사용하여 추론 게임을 해 보세요.

📓💬 **교사 팁** 부록으로 카드가 제시되어 있습니다.

1

수진이는 책상에 앉아서 손을 들었습니다.
"수학 문제가 너무 어려워요. 도와주세요."

수진이는 누구에게 말을 한 걸까요?

2

텔레비전에서 방금 신나는 만화영화가 끝났습니다.
그리고 아이스크림을 선전하는 광고가 시작되었습니다.
민희는 아이스크림이 너무 먹고 싶어졌습니다.

민희는 다음에 어떤 행동을 하게 될까요?

3

임경이는 반 친구들을 집으로 초대했습니다. 초대받은
친구들은 임경이네 집에 도착하여 잘 차려진 음식상을
보고 '와' 하고 환호성을 질렀습니다.
친구들은 임경이에게 선물을 주었습니다.

오늘은 무슨 날일까요?

4

밤이 깊었으나 시인은 잠이 오지 않았습니다. 풀벌레
소리가 문틈을 비집고 들어왔습니다. 시인은 문득 걷고
싶은 충동을 느꼈습니다. 시인은 징검다리를 건너 들꽃과
다정하게 이야기를 주고 받았습니다.

시인이 있는 곳은 어디일까요?

5

준재가 결승선에 도달했을 때, 친구들과 가족들은 응원을
해 주었습니다. 준재는 매우 뿌듯해했습니다.

준재는 달리기 경주에서 어떻게 되었을까요?

6

친구들은 모두 학교 운동장으로 뛰어나갔습니다.
미현이는 누워서 창밖으로 친구들이 뛰어노는 것을
보고 있습니다.

미현이는 어디 있을까요?
미현이는 왜 나가서 놀지 않을까요?

7

미술시간, 친구들은 모두 자신이 그린 그림을 색칠하고
있습니다.
그런데 지연이는 그렇게 하지 못합니다.
준비물을 가져오지 않았습니다.

지연이가 가져오지 않은 것은 무엇일까요?

8

혜영이는 어머니와 함께 저녁 요리를 하고 있습니다.
그런데 음식재료를 준비하던 어머니가 갑자기 눈물을
흘리십니다.

어머니가 준비하던 음식재료는 무엇일까요?

9-2차시 ▶

 도입학습

📖 **학습 목표** 글을 읽고 글에 제시되지 않은 정보를 추론할 수 있다.

🖋 아래 그림을 관찰하고, 관찰한 사실을 토대로 그림 이전에 일어난 일을 추론해 보세요.
  (주의: 앞으로 일어날 일을 예측하는 것은 아니에요. 앞으로 일어날 일은 10차시에서 합니다.)
  📓 TIP 교사 팁 부록으로 그림카드가 제시되어 있습니다.

1)

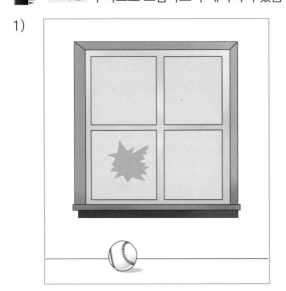

관찰한 것:
① 유리창이 깨져 있다.
② 야구공이 떨어져 있다.

추론:
누군가가 야구공을 던져서 유리창이 깨졌다.

2)

관찰한 것:

추론 :

3)

관찰한 것:

추론 :

4)

관찰한 것:

추론 :

9-3차시　 적용학습

📖 **학습 목표** 글을 읽고 글에 제시되지 않은 정보를 추론할 수 있다.

📝 아래 글을 읽어 보세요.

> 옹고집은 떵떵거리면서 사는 큰 부자였다. 그는 돈으로 '좌수'라는 작은 벼슬을 사서 잔뜩 거드름을 피웠다. 어느 해 봄이었다. 늙은 어머니가 몸져눕자 옹고집은 불도 때지 않은 차디찬 방에 어머니를 홀로 내버려 두었다. 보다 못해 옹고집의 아내가 말했다.
>
> "어머님이 편찮으신데 약이라도 지어 드려야죠."
>
> 갑자기 옹고집이 눈을 부라렸다.
>
> "약 지을 돈이 어디 있소? 해마다 이맘때면 치르는 몸살이니 저절로 낫겠지."
>
> 아내는 옹고집의 성미를 잘 알기 때문에 조심스레 말했다.
>
> "어머님의 이번 병환은 아무래도 몸살이 아닌 것 같아요. 자식된 도리로 그냥 있을 수는 없지 않아요? 닭이라도 한 마리 삶아 드리는 게……."
>
> 옹고집은 금세 얼굴이 시뻘겋게 변하며 목에 힘줄을 세웠다.
>
> "무슨 쓸데없는 소릴……. 닭 한 마리에 나을 병이라면 그냥 낫지 않겠어!"
>
> 하루에 두 끼라고 해야 아침엔 밥, 저녁엔 죽이었다. 몸져누운 어머니는 섧게 울었다.
>
> "어찌 이럴 수 있단 말인가? 약은 못 지어 주더라도 끼니는 제대로 줘야지. 겨우 두 끼에 그나마도 한 끼는 죽으로 때우라니 너무 심하구나."
>
> 눈물짓는 어머니를 보고도, 옹고집은 눈 하나 깜짝하지 않고 역정을 부리며 말했다.
>
> 이때 바깥에서 "딱 딱 따그르르." 하고 목탁 소리가 들려왔다.
>
> "아미타불 관세음보살……."
>
> 옹고집은 눈썹을 추켜세우고 드르륵 밀창문을 거세게 밀어젖혔다. 그리고 화가 머리끝까지 치밀어 고래고래 소리쳤다.

1. 아래 문장을 읽고 단서를 찾아 적절한 추론을 만들어 보세요.

1) "약 지을 돈이 어디 있소? 해마다 이맘때면 치르는 몸살이니 저절로 낫겠지."

단서		내가 알고 있는 것		추론
해마다 이맘때면 치르는 몸살	+	'~마다'라는 말은 자주 그렇다는 것이다.	=	어머니는 매년 아프시다.

2) 이때 바깥에서 "딱 딱 따그르르." 하고 목탁 소리가 들려왔다. "아미타불 관세음보살……."

단서		내가 알고 있는 것		추론
	+		=	

2. '옹고집은 눈썹을 추켜세우고 드르륵 밀창문을 거세게 밀어젖혔다.'라는 문장에서 옹고집은 지금 어디에 있다고 추론할 수 있을까요?

_____

9-1차시 ▶  도입학습

📖 학습 목표 글을 읽고 글에 제시되지 않은 정보를 추론할 수 있다.

✏️ 아래 그림을 관찰하고, 관찰한 사실을 토대로 그림 이전에 일어난 일을 추론해 보세요.
(주의: 앞으로 일어날 일을 예측하는 것은 아니에요. 앞으로 일어날 일은 10차시에서 합니다.)

1)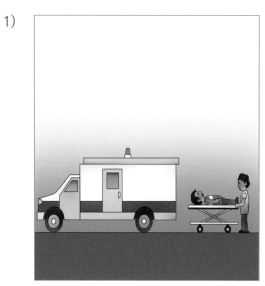

관찰한 것:

추론 :

2)

관찰한 것:

추론 :

3)

관찰한 것:

추론 :

4)

관찰한 것:

추론 :

9-2차시    도입학습

📖 **학습 목표** 글을 읽고 글에 제시되지 않은 정보를 추론할 수 있다.

✏️ 아래 그림을 관찰하고, 관찰한 사실을 토대로 추론을 해 보세요. 마지막 칸에는 스스로 상황을 만들어 그려 넣어 봅시다.

(주의: 앞으로 일어날 일을 예측하는 것은 아니에요. 앞으로 일어날 일은 10차시에서 합니다.)

1)

관찰한 것:

추론 :

2)

관찰한 것:

추론 :

3)

관찰한 것:

추론 :

4)

관찰한 것:

추론 :

상황을 내가 직접 그려 넣어요.

 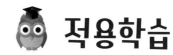 **적용학습**

📖 **학습 목표** 글을 읽고 글에 제시되지 않은 정보를 추론할 수 있다.

📕 아래 글을 읽어 보세요.

> 예고 없는 방문을 즐기는 할머니를 볼 때마다 선재는 할머니가 뚜껑이 활짝 열린 방향제 같다는 생각이 들었다. 그것도 집 안의 공기를 한 순간에 바꿔 버리는 강한 향의 방향제 말이다. 그 향이 어떤지는 사람마다 다를 것이다. 선재한테는 머리를 지끈거리게 만드는 아빠 차의 방향제가 은재에게는 코를 벌름거리게 할 만큼 좋은 냄새라는 것을 보면 말이다.
>
> "어미야, 아범 입맛 없을 텐데 이 고들빼기김치하고 줘라. 쌉싸래한 맛이 입맛을 돌게 할 게야. 재배한 것은 감칠맛이 떨어져서 일부러 시골 장에서 사다 담근 거다."
>
> 오늘 할머니가 방문한 목적은 아빠의 입맛을 돋워 주기 위해서다. 그러니 아빠한테는 할머니의 방문이 기쁘고 즐거운 일일 것이다. 고들빼기김치를 집어 먹은 손가락을 빨며 입맛을 다시는 아빠의 표정은 소풍날 아침을 맞은 아이같이 환했다.
>
> 선재에게는 쓰기만 한 고들빼기김치로 맛난 저녁을 먹은 아빠는 할머니와 함께 차를 마시며 모자간의 정을 나누고 있다. 그에 비하면 엄마는 뿌루퉁한 얼굴로 설거지를 하는 중이다. 다른 날 같으면 엄마가 설거지를 하는 동안 아빠는 청소기를 밀거나, 빨래를 널든지 걷어다 개킨다든지 하고 있을 텐데 오늘은 왕이 된 것처럼 앉아서 엄마의 시중을 받고 있다.

1. 아래 문장을 읽고 단서를 찾아 적절한 추론을 만들어 보세요.

1) "아범 입맛 없을 텐데 이 고들빼기김치하고 줘라. 쌉싸래한 맛이 입맛을 돌게 할 게야."

단서		내가 알고 있는 것		추론
	+		=	

2) 그에 비하면 엄마는 뿌루퉁한 얼굴로 설거지를 하는 중이다.

단서		내가 알고 있는 것		추론
	+		=	

2. 이 글을 읽고 지금 집 안 분위기가 어떻다고 추론할 수 있을까요? 두세 문장으로 표현해 보세요.

_____

_____

_____

9-4차시

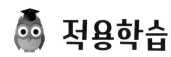 적용학습

학습 목표 글을 읽고 글에 제시되지 않은 정보를 추론할 수 있다.

💿 아래 글을 읽어 보세요.

강원도 정선 고을에 한 양반이 살았다.

어진 성품에 글 읽기를 좋아해 그의 집에서는 글 읽는 소리가 끊이지 않았다.

새벽을 깨우는 닭 울음소리가 들려오면 양반은 잠자리에서 일어나 자세를 바르게 하고 앉아 책을 폈다. 온종일 글 읽는 것밖에 모르는 양반은 몹시 가난했다.

'오늘은 또 어디 가서 양식을 구해 오나?'

텅 빈 쌀독을 들여다보며 양반의 아내는 한숨을 내쉬었다.

'이리 봐도 산, 저리 봐도 산뿐인 고을이라 그렇잖아도 먹고살기 힘든데 서방님은 벼슬살이도 하지 않고 조상에게 물려받은 밭 한 뙈기 없으니…'

태백산맥 중심부에 위치한 정선은 높고 험한 산으로 둘러싸여 곡식을 심을 논밭이 얼마 되지 않았다. 백성의 대부분이 농사꾼인데 농사지을 땅이 부족하다보니 정선 고을 백성의 형편은 너나없이 넉넉하지 못했다. 그러니 물려받은 재산도 없고 온종일 글만 읽는 양반의 살림이야 말로 두말할 필요 없었다.

양반은 가난했지만 학식이 높아 군수가 새로 부임을 하면 으레 양반 집에 찾아가 인사를 했다. 이번에 새로 부임한 군수도 정선 고을에 들어서자마자 양반이 사는 집부터 찾았다.

1. 아래 문장을 읽고 단서를 찾아 적절한 추론을 만들어 보세요.

1) 텅 빈 쌀독을 들여다보며 양반의 아내는 한숨을 내쉬었다.

단서		내가 알고 있는 것		추론
	+		=	

2) 태백산맥 중심부에 위치한 정선은 높고 험한 산으로 둘러싸여 곡식을 심을 논밭이 얼마 되지 않았다.

단서		내가 알고 있는 것		추론
	+		=	

2. 이 글 끝부분에 새로 부임하는 군수들은 으레 양반 집에 찾아가 인사를 하였다고 적혀 있습니다. 이 부분으로 양반에 대해 어떠한 것을 추론할 수 있을까요? 두세 문장으로 나의 생각을 표현해 보세요.

_____

_____

_____

10차시 ▶ 🕐 개념 및 원리

📖 **학습 목표** 글을 읽고 다음에 무슨 일이 일어날지 예측할 수 있다.

📘 예측하기

> 다음에 일어날 일이나 상황에 대하여 미리 짐작하는 것.

📗 예측하기의 전략

❖ 협동하여 이어질 내용 바꾸어 써 보기

친구들과 협동하여 이야기를 바꾸어 쓸 수 있습니다. 자신이 쓴 부분이 뒤에 이어질 이야기에 영향을 주는 것을 경험함으로써 사건 전개 사이의 연결성을 더 잘 이해할 수 있게 됩니다.

친구들과 함께 이야기를 바꾸어 쓰면서 읽은 내용을 더 자세하게 살펴보고, 재미있게 즐길 수 있으며, 오래 기억할 수 있습니다.

❖ 결말 다르게 상상해 보기

글에서 제시된 결말을 다르게 상상할 수 있습니다. 꼭 글로 쓰지 않고 음성언어인 말로 표현하는 '말로 쓰기' 활동이 가능합니다. 주의할 점은 떠올린 내용에 대한 평가는 되도록 하지 않음으로써 다양한 이야기를 떠올릴 수 있도록 하는 점입니다.

10-1차시 ▶

🍎 **도입학습**

📖 **학습 목표** 글을 읽고 다음에 무슨 일이 일어날지 예측할 수 있다.

1. 그림을 보고 앞으로 일어날 일에 대해 말해 보세요.
   📓❗ TIP 교사 팁 부록으로 그림카드가 제시되어 있습니다.

1)

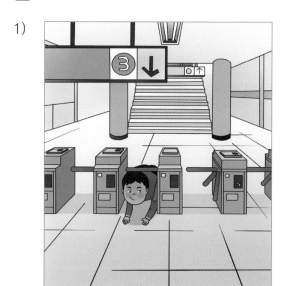

관찰한 것:
지하철을 타기 위해서 카드를 사용하지 않고 그냥 아래로 들어가고 있다.

앞으로 일어날 일:
앞에서 지켜보던 사람에게 혼이 나 다시 밖으로 나가게 된다.

2)

관찰한 것:

앞으로 일어날 일:

3)

관찰한 것:

앞으로 일어날 일:

4)

관찰한 것:

앞으로 일어날 일:

🍎 도입학습

10-2차시 ▶

 **학습 목표** 글을 읽고 다음에 무슨 일이 일어날지 예측할 수 있다.

1. 그림을 보고 앞으로 일어날 일을 그림으로 그려 보고 아래 칸에 글로도 적어 보세요.

   교사 팁 부록으로 카드가 제시되어 있습니다.

1)

선물을 포장하였습니다.

+

좋아하는 여자 친구 책상 위에
올려놓았습니다.

→

여자친구는 선물을 보고 너무

기뻐서 나에게 고맙다고 한다.

2)

차가 더러워졌습니다.

+

청소도구를 준비하였습니다.

→

_____

_____

3)

스케이트를 탔습니다.

+

나뭇가지가 앞에
놓여 있었습니다.

→

_____

_____

 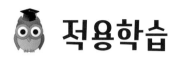

10-3차시 ▶ 🦉 적용학습

📖**학습 목표** 글을 읽고 다음에 무슨 일이 일어날지 예측할 수 있다.

📖 아래 지문을 읽어 봅시다.

> '날이 새려면 아직도 멀었는데……'
> 가마 앞에 쪼그리고 앉은 아우는 하릴없이 장작불을 쑤석거립니다. 갖가지 꽃 냄새가 버무려진 바람도 코끝에 아릿합니다. 어쩌자고 뻐꾸기는 저리도 슬피 울어 대는 걸까?
> "에이, 저놈의 새. 왜 잠도 안 자는 거야!"
> 타닥타닥 소나무 장작 불똥이 튑니다.
> 아우는 장작더미를 끌어모으고 새 장작을 올립니다.
> 형은 저렇게 꼼짝 않고 가마를 지키고 앉아 날을 새울 것입니다. 형이야 도자기를 빚은 사람이니 정성을 들여야 마땅하지만 허드렛일로 고달픈 자기는 눈을 붙여도 될 성싶었습니다.
> "얼추 불길이 잡힌 것 같으니 눈 좀 붙여야겠어요."
> 대답을 바라고 한 말이 아니었으므로 아우는 슬그머니 일어났습니다. 발에 쥐가 나 한동안 엉거주춤 서 있던 아우가 콧등에 침을 찍어 바르며 형의 눈치를 봅니다. 그래도 형은 눈길 한 번 주지 않고 꼿꼿이 앉아 있습니다.
> '엉덩이가 배기고 다리가 저릴 텐데.'
> 아우는 성큼성큼 움막으로 가서 자리에 누웠습니다. 눈꺼풀을 내리누르며 쏟아지던 잠은 다 어디로 가고 눈만 말똥말똥 합니다.
> 뻐꾹ㅡ 뻐꾹ㅡ 뻐꾹ㅡ.
> 뻐꾸기 소리에 귀를 막고 엎치락뒤치락 돌아눕던 아우는 "후욱ㅡ." 한숨을 내뱉습니다.

1. 인물의 성격과 이야기의 배경에 대해 적어 보세요.

등장인물	등장인물의 성격(특징)	이야기의 배경
1) 아우		
2) 형		

2. 사건의 전개를 정리하고, 앞으로 일어날 일을 예측하여 봅시다.

사건	1) 아우와 형은 이른 아침부터 가마 앞에서 도자기를 구웠다.
	2)
	3)
예측	

10-1차시 ▶ 🍎📚 도입학습

📖 **학습 목표** 글을 읽고 다음에 무슨 일이 일어날지 예측할 수 있다.

1. 그림을 보고 앞으로 일어날 일에 대해 말해 보세요.

1)

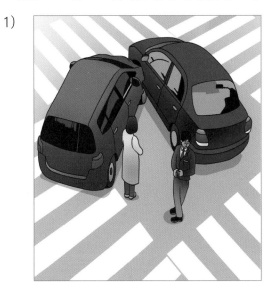

관찰한 것:

앞으로 일어날 일:

2)

관찰한 것:

앞으로 일어날 일:

3)

관찰한 것:

앞으로 일어날 일:

4)

관찰한 것:

앞으로 일어날 일:

스스로 하기

10-2차시

📚 도입학습

📖 **학습 목표** 글을 읽고 다음에 무슨 일이 일어날지 예측할 수 있다.

1. 그림을 보고 앞으로 일어날 일을 그림으로 그려 보고 아래 칸에 글로도 적어 보세요.

1)

차가 눈밭에 멈추었다.

+

근처 사람들이 몰려들었다.

➡

2)

하교 시간이 되었는데 비가
많이 왔다.

+

우산이 없었다.

➡

3)

동생이 아팠다.

+

부모님이 안 계셔서 이웃에게
알렸다.

➡

 **적용학습**

10-3차시 ▶

📖 **학습 목표** 글을 읽고 다음에 무슨 일이 일어날지 예측할 수 있다.

✒ 아래 지문을 읽어 봅시다.

> 옛날, 전라남도 영암 땅에서 있었던 일이다. 영암 원님이 죽어서 염라대왕 앞으로 끌려갔다.
> "염라대왕님, 소인은 아직 할 일이 많습니다. 그런데 벌써 저를 데려오셨습니까? 이승에서 좀 더 살게 해 주십시오."
> 원님은 머리를 조아리며 간청했다. 그러자 염라대왕은 수명을 적어 놓은 책을 들여다보고는 아직 젊은 나이인 원님이 딱하다는 생각이 들었다.
> "좋다, 내 마음이 변하기 전에 얼른 사라져라."
> 염라대왕은 원님을 저승사자에게 돌려보냈다.
> "이승으로 나가려는데 어떻게 가면 될까요?"
> "여기까지 데려왔는데 그냥 보내 줄 수는 없다. 너 때문에 헛걸음을 하였으니 수고비를 내놓아라."
> "어떡하지요? 지금 저는 빈털터리인데……."
> "그러면 저승에 있는 네 곳간에서라도 내놓아라."
> "어찌하여 제 곳간에는 볏짚 한 단밖에 없습니까?"
> "너는 이승에 있을 때 남에게 덕을 베푼 일이 없지 않느냐?
> 원님은 순간, 쥐구멍에라도 숨고 싶을 만큼 부끄러웠다. 생각해 보니, 자신은 남에게 좋은 일 한 번 변변히 한 적이 없었던 것이다.

1. 인물의 성격과 이야기의 배경에 대해 적어 보세요.

등장인물	등장인물의 성격(특징)	이야기의 배경
1) 염라대왕		
2) 영암 원님		
3)		

2. 사건의 전개를 정리하고, 뒷이야기를 상상하여 봅시다.

사건	1) 영암 원님이 죽어서 염라대왕 앞으로 가게 되었다.
	2)
	3)

예측	

10-4차시 ▶

 적용학습

📖 **학습 목표** 글을 읽고 다음에 무슨 일이 일어날지 예측할 수 있다.

📖 아래 지문을 읽어 봅시다.

> "얼른 남쪽으로 가라우. 별일 없으면 돌아오면 될 테지."
> 명호네 아버지는 몇 달째 전쟁터에 나가 있습니다. 어머니는 편찮으신 할아버지를 혼자 계시게 할 수 없다고 말했지만, 할아버지는 호통을 쳐서 내쫓다시피 하였습니다. 그래서 명호네 식구도 늦었지만 피란길에 올랐습니다.
> "부지런히 걸으면 해 지기 전에 흥남 부두에 도착할 수 있을 거야."
> 어머니가 말하였습니다.
> 평소였다면 그 말이 맞았겠지만, 명호네 식구는 오 리 정도밖에 못 갔습니다. 피란민이 군 철수에 방해가 된다고 흥남 쪽으로 가는 길목마다 헌병이 막았기 때문입니다.
> 온갖 고생 끝에 명호네 식구가 나흘 만에 겨우 흥남에 도착했을 때, 명호 어머니는 그동안 참아왔던 고통 때문에 주저 앉았습니다.
> "아저씨! 우리 어머이가 아파요. 좀 도와주세요!"
> 명호는 어른들 다리 사이로 기어 나가 선원 아저씨를 붙들었습니다.
> 만삭의 어머니와 어린 동생을 확인한 아저씨는 명호네 식구들을 배에 타도록 도와주었습니다.
> 밤새 진통을 하던 어머니는 다음 날 아침, 갑판에서 아기를 낳았습니다. 주위에 있던 아주머니, 할머니들이 아기를 받아주었습니다.
> "다시는 이리 모진 추위 겪지 말고 따뜻하고 환하게만 살아라."
> 수염이 하얀 할아버지가 아기에게 '온양이'라는 이름을 지어 주었습니다.

1. 인물의 성격과 이야기의 배경에 대해 적어 보세요.

등장인물	등장인물의 성격(특징)	이야기의 배경
1) 어머니		
2) 선원 아저씨		

2. 사건의 전개를 정리하고, 뒷이야기를 상상하여 봅시다.

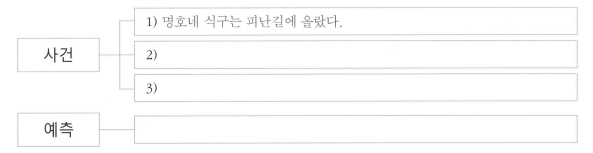

사건
- 1) 명호네 식구는 피난길에 올랐다.
- 2)
- 3)

예측

11차시 ▶ **개념 및 원리**

📖 **학습 목표** 글을 읽고 주장과 근거의 연결 관계를 안다.

📖 주장과 근거

❖ **주장이란?**

어떤 문제에 대하여 '자신의 생각이나 의견'을 내세우는 것을 말합니다.

❖ **근거란?**

주장이나 의견에 대한 '이유'를 말합니다.

📖 주장하는 글, 논설문

어떠한 문제나, 주제에 대하여 다른 사람을 설득하기 위하여 자신의 주장을 적절한 근거와 함께 제시한 글을 '주장하는 글' 또는 '논설문'이라고 할 수 있습니다. 주장하는 글인 논설문은 서론, 본론, 결론으로 구성됩니다.

서론	• 글을 쓰게 된 동기 · 목적 · 문제 상황 제시하기
	• 자신의 주장을 제시하기
본론	• 주장에 대한 근거와 예시 제시하기
결론	• 글의 내용을 요약하기
	• 주장을 강조하기

📖 대조표 활동

대조표는 어떠한 문제 혹은 주제에 대하여 찬성, 반대하는 점을 나열해 보게 하는 활동입니다. 대조를 이루는 두 가지 측면을 모두 생각해 보도록 하여 학생들로 하여금 인지 활동을 촉진시킵니다. 한 학생이 먼저 두 칸으로 이루어진 대조표에 자신의 의견을 한 가지씩 써 놓으면 다른 학생이 그 의견을 보충하거나 새로운 의견을 제시하여 대조표를 완성해 갈 수 있습니다.

작성된 대조표를 바탕으로 주제에 대한 자신의 생각을 정하고, 대조표에 있는 여러 가지 아이디어를 모아서 근거를 만들어 주장하는 글을 작성할 수 있습니다.

11-1차시

 ## 도입학습

📖 **학습 목표** 글을 읽고 주장과 근거의 연결 관계를 안다.

1. 그림을 보고 광고가 말하고자 하는 것이 무엇인지 이야기해 보세요.

　　📓 💬교사 팁 부록으로 그림카드가 제시되어 있습니다.

1)

2)

3)

4)

5)

6)

11-2차시 　 📚 도입학습

📖 **학습 목표** 글을 읽고 주장과 근거의 연결 관계를 안다.

🔘 다음 주제에 대하여 찬성과 반대에 대한 이유를 대조표에 생각나는 대로 적어 보세요.

 　1. "아파트에서 애완견을 키워도 좋다."

1) 찬성	2) 반대
-	-
-	-
-	-

 　2. "초등학생도 교복을 입자."

1) 찬성	2) 반대
-	-
-	-
-	-

 　3. "학생도 화장을 할 수 있다."

1) 찬성	2) 반대
-	-
-	-
-	-

11-3차시 ▶ 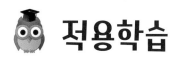 적용학습

📖 **학습 목표** 글을 읽고 주장과 근거의 연결 관계를 안다.

📖 아래 지문을 읽어 봅시다.

> 교실 청소는 수업하기 전 아침 시간에 하는 것이 좋다고 생각한다. 왜냐하면 오후에 청소를 하면 불편한 점이 많지만 아침 시간에 청소를 하면 다음과 같은 좋은 점이 많기 때문이다.
> 첫째, 하루를 기분 좋게 시작할 수 있다. 수업하기 전에 청소를 하고 깨끗한 환경에서 공부한다면 하루를 기분좋게 시작할 수 있을 것이다.
> 둘째, 점심시간과 방과 후 시간을 활용할 수 있다. 점심시간에는 쉬거나 운동장에서 뛰어놀 수 있으며, 방과 후에는 친구와 운동을 할 수도 있다.
> 셋째, 청소를 하지 않고 집에 가는 친구가 없을 것이다. 오후에 청소를 하면 청소 당번인 날을 깜박할 수 있다. 하지만 아침 시간에 청소를 하면 그런 일이 생기지 않을 것이다.
> 따라서 교실 청소는 수업하기 전 아침 시간에 해야 한다.

1. 이 글을 쓴 목적은 무엇일까요?

_____

2. 글을 읽고 글의 구조를 정리해 보세요.

논설문 구조	내용	도움
서론	1)	…한다고 생각한다.

⬇

	2)	첫째
본론	3)	둘째
	4)	셋째

⬇

결론	5)	따라서

11-1차시 ▶

🍎 도입학습

📖 **학습 목표** 글을 읽고 주장과 근거의 연결 관계를 안다.

1. 그림을 보고 광고가 말하고자 하는 것이 무엇인지 써 보세요.

1)

_____

2)

_____

3)

_____

4)

_____

5)

_____

6)

_____

11-2차시 ▶  도입학습

📖 **학습 목표** 글을 읽고 주장과 근거의 연결 관계를 안다.

🖋 다음 주제에 대하여 찬성과 반대에 대한 이유를 대조표에 생각나는 대로 적어 보세요.

1. "체벌은 꼭 필요하다."

1) 찬성	2) 반대
-	-
-	-
-	-
-	-

2. "초등학생들도 밤 늦게까지 학원을 다녀도 된다."

1) 찬성	2) 반대
-	-
-	-
-	-
-	-

11-3차시 ▶  적용학습

📖 **학습 목표** 글을 읽고 주장과 근거의 연결 관계를 안다.

✍ 아래 지문을 읽어 봅시다.

> 안녕하세요?
>
> 저는 산 깊고 물 맑은 상수리에 사는 김효은입니다.
>
> 우리 마을은 앞으로 만강이 흐르고, 뒤로는 우뚝 솟은 산봉우리들이 병풍처럼 둘러싸고 있어 한 폭의 그림처럼 아름답습니다. 그런데 어제 만강에 댐을 건설할 수 있는지 알아보기 위하여 담당자들께서 우리 마을을 방문하셨습니다. 담당자들께서는 지난해에 비가 많이 와서 만강 하류에 있는 도시에 물난리가 났다고 말씀하셨습니다. 그래서 홍수를 막으려면 우리 마을에 댐을 건설해야 한다고 합니다. 하지만 저는 댐을 건설하는 것에 반대합니다.
>
> 숲에는 천연기념물인 황조롱이, 까막딱따구리 같은 새들과 하늘다람쥐가 살고 있습니다. 그리고 마을 어른들께서는 평생 살아온 고향을 떠나야 한다고 말씀하십니다.
>
> 우리 상수리에 댐을 건설하면 숲에 사는 동물들은 살 곳을 잃고, 만강의 물고기들도 다시는 볼 수 없게 될 것입니다. 그리고 만강에는 쉬리나 배가사리, 금강모치 등 우리나라의 토종 물고기가 많이 살고 있습니다. 따라서 우리 마을에 댐을 건설하기로 한 계획을 취소하여 주시기 바랍니다.
>
> 20○○년 6월 10일
>
> 김효은 올림

1. 이 글을 쓴 목적은 무엇일까요?

_____

2. 글을 읽고 글의 구조를 정리해 보세요.

논설문 구조	내용	도움
서론	1)	댐 건설

↓

	내용	도움
본론	2)	동물
	3)	물고기
	4)	마을 어른들

↓

결론	5)	따라서

11-4차시 ▶

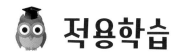 **적용학습**

📖 **학습 목표** 글을 읽고 주장과 근거의 연결 관계를 안다.

☝ 아래 지문을 읽어 봅시다.

> 교통사고를 줄이기 위해서는 여러 가지 방법이 있습니다. 특히 우리는 교통사고를 줄이기 위해서 횡단보도를 건널 때에 주의를 기울여야 합니다.
>
> 첫째, 어둡거나 비가 오는 날에 길을 건널 때에는 특히 조심하여야 합니다. 밝은 색깔의 옷을 입거나, 우산을 쓸 때에 앞을 가리지 않고 자동차가 오는지를 확인하면서 걸어야 합니다.
>
> 둘째, 자전거를 탈 때에도 주의를 기울여야 합니다. 혼잡한 자동차 도로를 이용하면 안 되고, 반드시 자전거 도로를 이용하여야 합니다.
>
> 셋째, 초록색 신호를 반드시 확인해야 합니다. 초록색 신호를 확인한 뒤, 자동차가 완전히 멈추었을 때 주위를 살피며 건너야 합니다.
>
> 따라서 교통사고를 줄이기 위해서 횡단보도를 건널 때에 조심해야 합니다.

1. 이 글을 쓴 목적은 무엇일까요?

_____

2. 글을 읽고 글의 구조를 정리해 보세요.

논설문 구조	내용
서론	1)

⬇

	2)
본론	3)
	4)

⬇

결론	5)

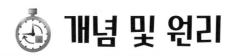
개념 및 원리

📖 **학습 목표** 글을 읽고 글에 대한 생각이나 느낌을 다른 사람과 나눌 수 있다.

📑 독서 감상문

> 독서 감상문이란 책 내용을 정리하고, 재밌었던 점이나 감동적이었던 부분에 대하여 자신의 생각이나 느낌을 표현하는 글을 말합니다.
> 같은 글을 읽고 서로 다르게 느낄 수 있으므로 글에 대한 느낌과 의미를 서로 나누어 봄으로써 책의 내용을 더 깊이 이해할 수 있게 됩니다.

📑 독서 감상문 형식과 구성

> ❖ **형식**
> - 일기: 이야기를 자신의 생활이나 경험과 관련지어 쓸 수 있습니다.
> - 편지: 글 속의 등장인물에게 직접 편지를 써서 자신의 생각이나 느낌을 전달할 수 있습니다.
> - 시: 글을 읽고 느낀 점을 간단한 시로 표현할 수 있습니다.
> - 만화: 인상 깊은 장면을 만화로 그릴 수 있습니다.
> - 광고: 인상 깊은 장면을 광고문구로 표현할 수 있습니다.
> - 블로그나 SNS 태그 등으로도 간단하게 표현할 수 있습니다.
>
> ❖ **구성**
> - 읽은 내용을 요약하기
> - 가장 재미있었던 점, 감동적이었던 점, 기억에 남는 장면을 쓰기

📑 독서 감상문 평가하기

> - 책 내용과 생각이나 느낌이 잘 드러나고 형식에 알맞게 표현했는지 확인해 보세요.
> - 일기, 시, 광고, 만화, 편지 등 여러 가지 방법 중 선택하여 독서 감상문을 쓰도록 해 보세요. 형식에 맞추어 썼는지 확인해 보세요.
> - 다른 친구들이 쓴 독서 감상문을 서로 읽어 보고 각자의 생각과 느낌을 비교해 보세요.

12-1차시 ▶ 📚 도입학습

📖 **학습 목표** 글을 읽고 글에 대한 생각이나 느낌을 다른 사람과 나눌 수 있다.

📓 나의 독서 습관을 살펴봅시다.

항목	설문 내용	매우 그렇다 (5점)	그렇다 (4점)	보통이다 (3점)	아니다 (2점)	매우 아니다 (1점)
1	시간이 날 때마다 책을 자주 읽는다.					
2	텔레비전 시청보다 독서가 좋다.					
3	서점이나 도서관을 자주 방문하는 편이다.					
4	내가 읽은 책 중에 내가 존경하거나 닮고 싶은 주인공이 있다.					
5	책을 읽고 독후 활동을 하는 것은 흥미롭다.					
6	한번 읽기 시작한 책은 끝까지 읽는다.					
7	책을 보면 읽고 싶은 의욕이 생긴다.					
8	하루의 독서 시간은 1시간 이상이다.					
9	일주일에 3권 이상 책을 읽는다.					
10	읽은 책에 대하여 부모님과 함께 이야기를 한다.					

📓 나의 독서 생활은 어떠한가요? 독서에 대한 자신의 생각을 이야기해 보세요.

🍎 도입학습

📖 **학습 목표** 글을 읽고 글에 대한 생각이나 느낌을 다른 사람과 나눌 수 있다.

📖 아래의 책들의 표지를 보고 어떠한 이야기일지 이야기해 보세요.

📓 ⓣⓟ 교사 팁　부록으로 그림 카드가 제시되어 있습니다.

📖 위의 책들을 읽고 싶은 순서대로 네 가지만 나열해 보고 이유를 말해 보세요.

이유:　　　　이유:　　　　이유:　　　　이유:

12-3차시 ▶

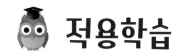

적용학습

📖 **학습 목표** 글을 읽고 글에 대한 생각이나 느낌을 다른 사람과 나눌 수 있다.

📝 아래 지문을 읽어 봅시다.

백선행은 평생 온갖 궂은일을 마다하지 않고 열심히 모은 돈을 모두 사회에 다시 돌리고 떠난 여성 사업가입니다. 사람들은 그녀의 선행이 정말 고마워서 이름이 없었던 그녀에게 '선행'이라는 이름을 붙여 주었습니다. 평생 사람들에게 '백선행'이라 불리며 존경을 받았던 그녀는 홀어머니 밑에서 가난한 어린 시절을 보냈습니다.

결혼한 지 8개월 만에 남편을 잃은 백선행은 가난하게 살지 않기 위해서는 돈을 많이 벌어야겠다고 생각하였습니다. 그래서 온갖 궂은일을 마다하지 않고 돈을 벌었습니다. 봉숭아 키우기, 채소 장사, 간장 장사, 돼지 키우기, 베 짜기, 청대 치기 등 닥치는 대로 일하였습니다. 이렇게 돈을 모으면서 정작 자신은 좋은 음식, 좋은 옷 한번 누리지 않았습니다.

백선행에게는 좌우명이 있었습니다.

"먹기 싫은 것 먹고, 입기 싫은 옷 입고, 하기 싫은 일 하고."

이를 보며 주변 사람들은 구두쇠처럼 독하게 돈을 모은다고 수군대기도 하였습니다. 그러나 백선행은 아랑곳하지 않고 열심히 돈을 모아 마침내 큰 부를 이루게 되었습니다.

백선행은 부자가 되었다고 해서 생활 습관을 바꾸지 않았습니다. 여전히 근검절약하는 생활을 하였지요. 집에 손님이 오면 백선행은 냉면을 대접하였습니다. 그런데 다 먹지 않고 남기는 사람이 있으면 꼭 한마디 하였습니다.

"아깝게 왜 남기십니까? 귀한 음식인데…"

그리고는 손님이 지켜보는 가운데 그 냉면 그릇을 깨끗이 비웠습니다.

그러던 어느 날 밤 백선행의 집에 도둑이 들었습니다.

"꼼짝 마라! 돈을 내놓지 않으면 죽여 버리겠다!"

도둑은 칼을 들이대고 이렇게 위협하였습니다. 그러나 백선행은 조금도 떨지 않고 당당하게 맞섰습니다.

"네 놈에게 줄 돈은 없다! 썩 꺼져라!"

백선행은 큰 소리로 외치며 도둑에게 달려들었습니다. 도둑은 당황하였습니다. 설마 자신에게 덤벼들 줄은 전혀 생각지 못하였기 때문입니다. 도둑은 백선행을 칼로 찌르고는 얼른 달아나버렸습니다. 부상을 입은 백선행은 의원에게 치료를 받았습니다.

📖 독서 감상문을 작성해 보세요. 그림으로 표현할 수 있고, 시로도 표현할 수 있습니다.

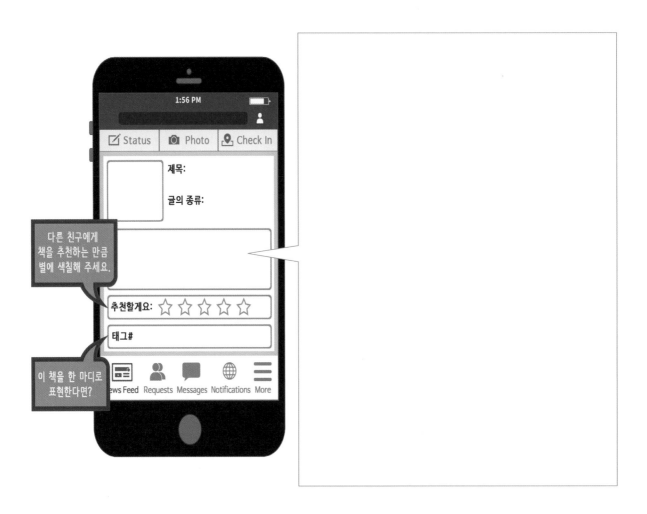

📖 작성한 독서 감상문을 친구들과 서로 바꾸어 읽어 보고 댓글을 달아 주세요.

적용학습

12-1차시 ▶

📖 **학습 목표** 글을 읽고 글에 대한 생각이나 느낌을 다른 사람과 나눌 수 있다.

📜 아래 지문을 읽어 봅시다.

칠판에 무엇을 그리던 선생도 돌아서셨어요.

"무슨 일이야?"

선생님이 놀란 눈으로 쳐다보며 물으셨어요.

"보람이가 윤정이를 때렸어요!"

"윤정이더러 피부가 틀리다고 했어요!"

여기저기서 아이들이 말했어요. 보람이는 얼굴이 새빨갛게 달아올랐어요. 입술을 꼭 다물고 고개를 숙였어요. 눈물이 왈칵 쏟아질 것만 같았어요.

교탁 앞에 선 선생님은 한 손에 한 장씩 색종이를 들어 보이셨어요. 빨간 색종이와 파란 색종이였어요.

"빨간 색종이와 파란 색종이는 색깔이 틀린 걸까?"

"네!"

아이들이 대답했어요. 왜 저런 쉬운 질문을 하는 걸까 하는 표정으로 고개를 갸웃거리면서요. 그런데 선생님은 고개를 흔드렸어요.

"너희가 잘못 알고 있구나. 빨간 색종이와 파란 색종이는 색깔이 다른 거야. 색깔이 틀린 게 아니야."

선생님은 칠판에 '다르다'와 '틀리다'라고 쓰셨어요. 보람이의 머릿속에 물음표가 솟았어요.

'선생님께서 무슨 말씀을 하시려고 저러는 걸까? 내가 한 행동과 무슨 상관이 있을까?'

선생님은 아이들을 둘러보며 말씀하셨어요.

"사람들이 종종 '다르다'와 '틀리다'를 제대로 구분하지 못하고 쓴단다. 하지만 다른 것은 틀린 것이 아니야. '다르다'의 반대말은 '같다'이고, '틀리다'의 반대말은 '맞다'야. 내 피부색과 친구의 피부색이 다르다고 해서 틀렸다고 하면 안 돼. 내 얼굴과 친구의 얼굴이 다르다고 해서 틀리다고 하면 안 돼."

선생님이 보람이와 윤정이를 번갈아 바라보셨어요. 그리고 다시 말문을 여셨어요.

"내 생각이랑 다르다고 해서 틀렸다고 하면 안 돼. 그건 자기만 잘나고, 자기와 다른 건 전부 틀렸다고 주정하는 거야. 나와 다르다고 해서 나쁜 게 아니지. 그냥 다를 뿐이야. 우리는 모두 소중한 사람이야. 그러니까 우리는 존중하고 배려해야 해."

독서 감상문을 작성해 보세요. 그림으로 표현할 수 있고, 시로도 표현할 수 있습니다.

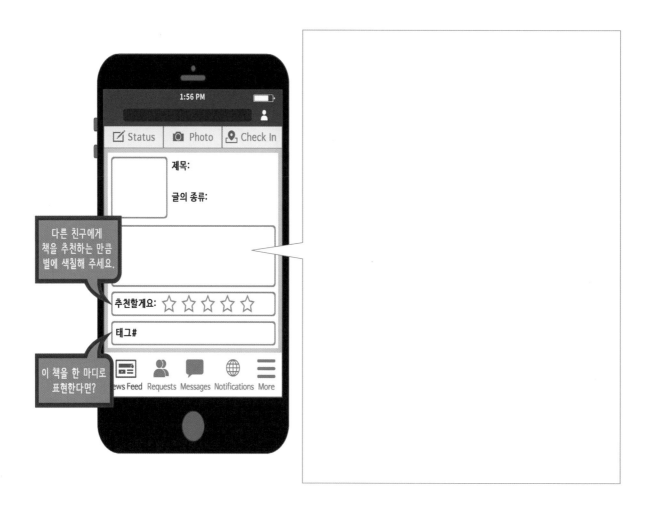

작성한 독서 감상문을 친구들과 서로 바꾸어 읽어 보고 댓글을 달아 주세요.

12-2차시 ▶ 🦉 적용학습

📖 **학습 목표** 글을 읽고 글에 대한 생각이나 느낌을 다른 사람과 나눌 수 있다.

📖 아래 지문을 읽어 봅시다.

> 옛날 어느 마을에 무서운 병이 돌았대. 무슨 병인데 그렇게 무섭냐고? 응, 그런 병이 있어. 눈알은 빨갛게 달아오르는데 가슴은 얼음덩이처럼 꽁꽁 얼어붙는 병. 그래서 서로 쳐다보기도 싫어 하고 이야기도 안 나누고 누가 곁에 오기만 해도 싫어서 몸서리가 나는 병인데, 이 돌림병이 온 마을을 덮친 거야.
>
> 이렇게 되자 마을에서 가장 나이가 많아서 마을 어르신 노릇을 하고 있는 할아버지는 걱정이 태산 같아. 별 수 없이 할아버지는 길을 떠나기로 했어. 사람들 마음을 녹일 수 있는 약을 찾아 나선 거지.
>
> 갑자기 앞이 환해졌어. 숲 사이로 숲에 둘러싸인 빈터가 보이고, 시냇가에서 댓잎으로 배를 만들어 물에 띄우고 있는 애가 있어. 얼마나 반가웠겠어. 그런데 어, 할아버지가 노새에서 내리자마자 그 애가 두 팔을 벌리고 달려오더니 늙은 노새의 절름거리는 다리를 꼭 붙들어 안고 "앙~" 하고 울음을 터뜨리는 거야. 그러면서 조그맣게 부르짖어.
>
> "불쌍해, 불쌍해."
>
> 그랬더니 놀라운 일이 일어났어. 노새는 그 자리에 주저앉고 싶을 만큼 기운이 빠져 있었는데, 그 애 눈물이 다리를 적시자마자 다시 기운이 솟아나는 거야. 그리고 절름거리던 다리도 멀쩡해졌어.
>
> 울보 바보는 지나는 마을마다 마음이 얼어붙은 사람을 만나면 "불쌍해, 불쌍해." 하면서 울음보를 터뜨렸어. 그러면 온 마을 사람들이 덩달아 목 놓아 울었어.
>
> 그 눈물은 사람들 마음을 녹이고, 녹아서 흐르는 눈물은 개울을 이루고, 강물을 이루고, 바다로 흘러가면서 온 세상 얼어붙은 사람들 마음을 녹이고, 온갖 풀과 나무와 짐승과 바닷물고기에게도 생기를 주었어.

📖 독서 감상문을 작성해 보세요. 그림으로 표현할 수 있고, 시로도 표현할 수 있습니다.

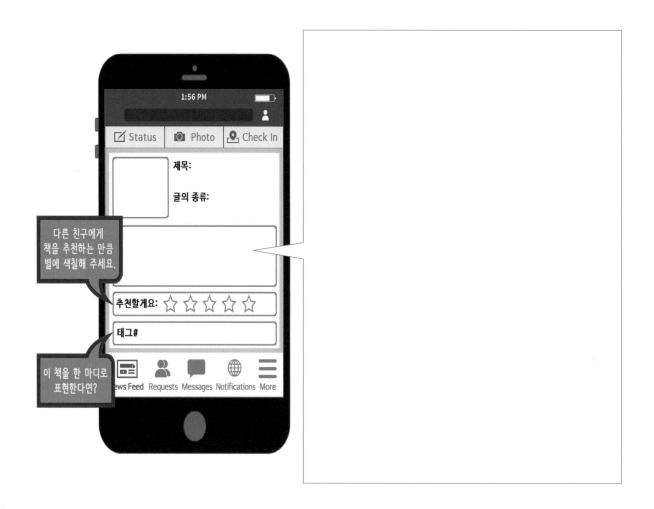

📖 작성한 독서 감상문을 친구들과 서로 바꾸어 읽어 보고 댓글을 달아 주세요.

참고문헌

1단계

〈1차시〉 문장 완성하기

＊ 교사와 함께하기

1-3차시 초등학교 1학년 1학기 국어 교과서 8단원 〈이야기 읽기 극장: 해와 바람〉.

＊ 스스로 하기

1-3차시 초등학교 1학년 1학기 국어 교과서 7단원 〈달팽이 기르기〉.

1-4차시 초등학교 2학년 1학기 국어 교과서 7단원 〈욕심 많은 개〉.

〈2차시〉 이야기 구성요소 ①

＊ 교사와 함께하기

2-3차시 초등학교 1학년 1학기 국어 교과서 3단원 〈오늘 내 기분은…〉.

＊ 스스로 하기

2-3차시 초등학교 2학년 1학기 국어 교과서 8단원 〈일기: 자전거 타기 성공〉.

2-4차시 초등학교 2학년 1학기 국어 교과서 10단원 〈민지의 일기 '다른 사람을 생각해요'〉.

〈3차시〉 이야기 구성요소 ②

＊ 교사와 함께하기

3-2차시 초등학교 2학년 1학기 국어 교과서 2단원 〈동물 마을에서 생긴 일〉.

3-3차시 초등학교 2학년 1학기 국어 교과서 6단원 〈기름 장수와 호랑이〉.

＊ 스스로 하기

3-1차시 초등학교 2학년 1학기 국어 교과서 8단원 〈아픈 날〉.

3-2차시 기초학습기능 수행평가체제 읽기 검사 형성평가 기록지 〈아기양과 늑대〉.

〈4차시〉 주요 내용 확인하기

＊ 교사와 함께하기

4차시 초등학교 2학년 1학기 국어 교과서 9단원 학습 목표.

4-3차시 초등학교 2학년 1학기 국어 교과서 7단원 〈요즘과 다른 물건〉.

＊ 스스로 하기

4-3차시 초등학교 2학년 1학기 국어 교과서 7단원 〈요즘과 다른 물건〉.

4-4차시 초등학교 2학년 1학기 국어 교과서 7단원 〈꿀벌〉.

2단계

〈5차시〉 인물의 관계 및 성격 파악하기

＊ 교사와 함께하기

> 5차시 　 초등학교 4학년 1학기 국어 교사용 지도서, pp. 79-80.
>
> 　　　　 강석균(2004). 맛있는 시나리오. 서울: 시공사, p. 18.
>
> 5-2차시 　 초등학교 3학년 1학기 교과서 1단원 〈도깨비를 골탕 먹인 농부〉.
>
> 5-3차시 　 기초학습기능 수행평가체제 읽기검사 형성평가 기록지 〈크레파스〉.

＊ 스스로 하기

> 5-2차시 　 초등학교 3학년 2학기 국어 교과서 1단원 〈칠판 앞에 나가기 싫어〉.
>
> 5-3차시 　 초등학교 3학년 2학기 국어 교과서 7단원 〈아낌없이 주는 나무〉.

〈6차시〉 원인과 결과 알기

＊ 교사와 함께하기

> 6차시 　 초등학교 3학년 1학기 국어 교사용 지도서, p. 207.
>
> 6-3차시 　 초등학교 3학년 1학기 국어 교과서 5단원 듣기자료 〈재훈이의 일기〉.

＊ 스스로 하기

> 6-1차시 　 초등학교 3학년 2학기 국어 교과서 2단원 〈부탁하는 글〉.
>
> 6-4차시 　 초등학교 3학년 1학기 국어 교과서 5단원 〈이상한 샘물〉.

〈7차시〉 글의 짜임 알기

＊ 교사와 함께하기

> 7차시 　 초등학교 3학년 1학기 국어 교사용 지도서.
>
> 7-2차시 　 초등학교 3학년 1학기 국어 교과서 2단원 〈문단의 짜임〉.

＊ 스스로 하기

> 7-2차시 　 초등학교 3학년 1학기 국어 교과서 2단원 〈문단의 짜임〉.
>
> 7-4차시 　 초등학교 3학년 1학기 국어 교과서 2단원 〈문단의 짜임〉.

〈8차시〉 세부 내용 파악하기

＊ 교사와 함께하기

> 8차시 　 초등학교 3학년 1학기 국어 교사용 지도서, pp. 274, 283.

김동일(2013). BASA와 함께하는 증거기반 읽기 교수–학습 전략. 서울: 학지사, p. 110.

8-1차시 초등학교 3학년 1학기 국어 교과서 2단원 〈문단의 짜임〉.

8-2차시 초등학교 3학년 1학기 국어 교과서 2단원 〈문단의 짜임〉.

* 스스로 하기

8-1차시 초등학교 4학년 2학기 국어 교과서 4단원 〈글 속의 생각을 찾아〉.

8-2차시 초등학교 4학년 2학기 국어 교과서 4단원 〈글 속의 생각을 찾아〉.

8-3차시 초등학교 4학년 1학기 국어 교과서 9단원 〈생각을 나누어요〉.

8-4차시 초등학교 4학년 1학기 국어 교과서 9단원 〈생각을 나누어요〉.

3단계

〈9차시〉 추론하기

* 교사와 함께하기

9차시 초등학교 3학년 1학기 국어 교과서 2단원 〈문단의 짜임〉.

초등학교 5학년 1학기 국어 교사용 지도서, p. 319.

9-3차시 초등학교 5학년 1학기 국어 교과서 1단원 〈옹고집전〉.

* 스스로 하기

9-3차시 초등학교 5학년 2학기 국어 교과서 1단원 〈십자수〉.

9-4차시 초등학교 5학년 2학기 국어 교과서 7단원 〈글만 읽는 가난한 양반〉.

〈10차시〉 이야기 예측하기

* 교사와 함께하기

10차시 초등학교 6학년 1학기 국어 교사용 지도서, pp. 289, 296, 293.

10-3차시 초등학교 6학년 1학기 국어 교과서 12단원 〈마음이 담긴 그릇〉.

* 스스로 하기

10-3차시 초등학교 6학년 2학기 국어 교과서 11단원 〈문학의 향기〉.

10-4차시 초등학교 6학년 1학기 국어 교과서 7단원 〈온양이〉.

〈11차시〉 주장과 근거 파악하기

* 교사와 함께하기

11-3차시 초등학교 5학년 1학기 국어 교과서 10단원 〈교실 청소 시간〉.

* 스스로 하기

11-3차시 초등학교 4학년 1학기 국어 교과서 7단원 〈의견과 근거〉.

11-4차시 초등학교 4학년 1학기 국어 교과서 4단원 〈짜임새 있는 문단〉.

〈12차시〉 작품의 감상 및 평가하기

* 교사와 함께하기

12차시 초등학교 3학년 1학기 국어 교사용 지도서, p. 412.

12-1차시 청람독서교육학회(2013). 창의력과 인성을 쑥쑥 키우는 어린이 독서 기록장(초등 5, 6학년용). 서울: 교학사.

12-3차시 초등학교 5학년 1학기 국어 교과서 9단원 〈먹기 싫은 것 먹고, 입기 싫은 옷 입고, 하기 싫은 일 하고〉.

* 스스로 하기

12-1차시 초등학교 4학년 2학기 국어 교과서 4단원 〈피부색은 달라도 우리는 친구〉.

12-2차시 초등학교 4학년 2학기 국어 교과서 1단원 〈이야기를 간추려요〉.

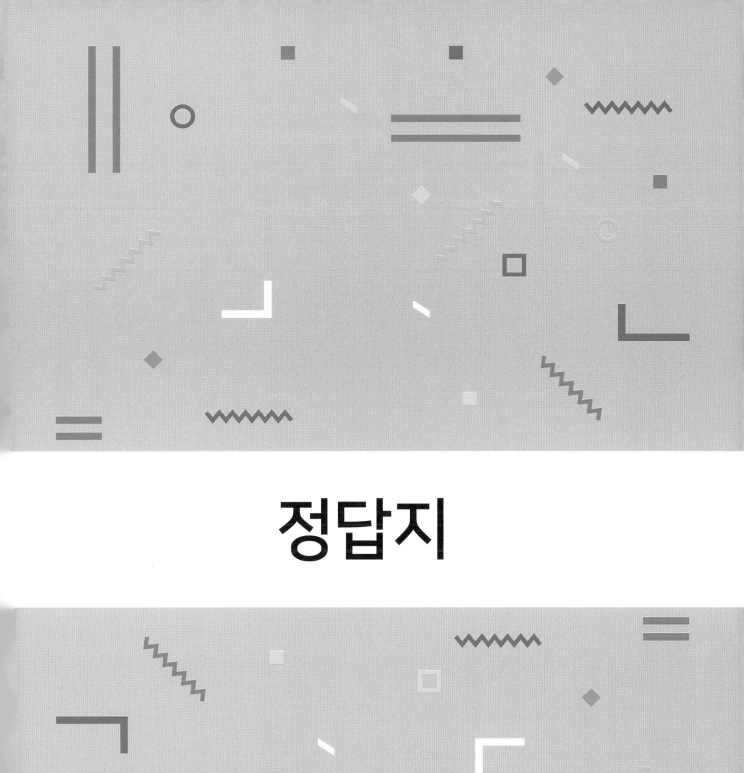

정답지

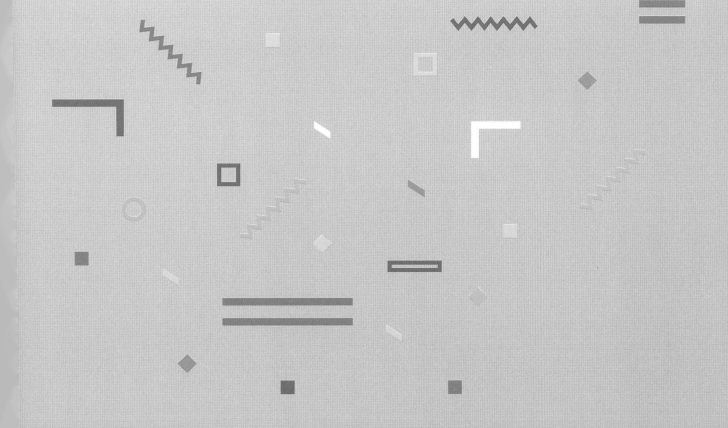

1단계

〈1차시〉 문장 완성하기

✳ 교사와 함께하기

- 활동지 1-1

  〈1번〉

  1) 토끼   2) 강아지 / 개   3) 여우

  〈2번〉

  1) 팔씨름을 해요. / 팔씨름을 합니다.

  2) 밥을 먹어요. / 밥을 먹습니다.

  3) 농구를 해요. / 농구를 합니다.

- 활동지 1-2

  〈1번〉

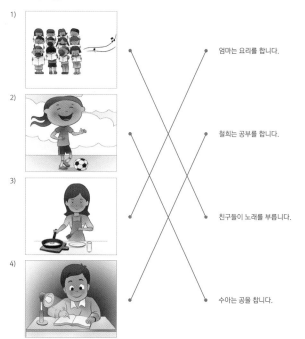

- 활동지 1-3

  〈1번〉

  1) 나무꾼이 산길을 가고 있습니다.

  2) 호랑이가 나타났습니다.

  3) 나무꾼은 깜짝 놀랐습니다.

  〈2번〉

  동그라미 할 곳: 바람이, 바람은, 나그네가, 바람은, 나그네는, 해가, 나그네는

✳ 스스로 하기

- 활동지 1-1

  〈1번〉

  1) 말   2) 고양이   3) 할머니

  〈2번〉

  1) 손을 들어요. / 손을 듭니다.

  2) 울어요. / 울고 있어요.

  3) 놀이터에서 놀고 있어요. / 어울려 놀아요.

- 활동지 1-2

  〈1번〉

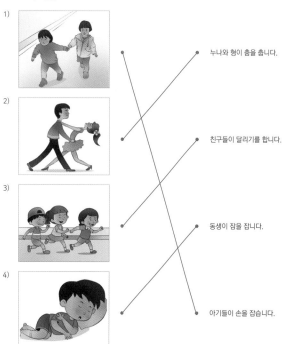

• 활동지 1-3

〈1번〉

1) 오빠와 여동생이 엄마께 아침 인사를 합니다.

2) 친구들은 / 아이들은 선생님의 말씀을 잘 듣습니다.

3) 친구들은 / 아이들은 사이좋게 집에 옵니다.

〈2번〉

동그라미 칠 곳: 아빠는, 우리는, 아빠는, 달팽이가, 달팽이는, 아빠가, 달팽이는, 나는

• 활동지 1-4

〈1번〉

1) 누나와 동생은 함께 낚시를 합니다.

2) 친구가 뒤로 넘어졌습니다.

3) 엄마가 다시 일으켜 주셨습니다.

〈2번〉

동그라미 칠 곳: (욕심 많은) 개가, 개는, 개는, 개는, 개는, 개가

〈2차시〉 이야기 구성요소

* 교사와 함께하기

• 활동지 2-1

〈1번〉

1) 겨울, 아침 혹은 점심, 공원 혹은 동산

2) 가을, 아침 혹은 점심, 공원 혹은 동산

3) 봄, 아침 혹은 점심, 놀이동산

4) 여름, 밤, 집 혹은 공원

5) 아침, 집

6) 점심, 학교

• 활동지 2-2

〈1번〉

1) 뿌듯하다, 상쾌하다.

2) 창피하다, 당황스럽다, 부끄럽다.

3) 당황스럽다, 기분이 나쁘다, 화가 난다

4) 무섭다.

5) 창피하다, 부끄럽다, 아프다.

6) 고맙다.

• 활동지 2-3

〈1번〉

선생님, 테오, 에릭, 릴리,

동생이 생기는 것에 대한 기분

〈2번〉

• 시간을 알 수 있는 말: 월요일

→ 그렇게 생각한 이유: 요일은 시간을 나타냄.

• 장소를 알 수 있는 말: 선생님, 의자

→ 그렇게 생각한 이유: 선생님과 의자는 학교에 있음.

〈3번〉

• 테오의 말: 모르겠어요.

→ 테오의 마음: 동생이 태어나는 것에 대한 자신의 마음을 아직 모름.

• 에릭의 말: 행복할 거야. 새 자전거를 선물 받았을 때처럼 말이야.

→ 에릭의 마음: 동생이 태어나는 것에 대해 기대되고 행복한 마음.

• 릴리의 말: 질투가 날지도 몰라. 상을 타고 온 우리 언니가 칭찬받았을 때처럼 말이야.

→ 릴리의 마음: 동생이 부모님의 사랑을 다 가져갈까봐 질투가 남.

* 스스로 하기

• 활동지 2-1

〈1번〉

1) 아침, 공원　　　　2) 점심, 교실

3) 점심, 교실　　　　4) 점심, 운동장

5) 저녁, 방   6) 점심, 실험실

- 활동지 2-2

〈1번〉

1) 뿌듯하다, 자랑스럽다.

2) 창피하다, 기분이 나쁘다, 당황스럽다, 무섭다, 부끄럽다.

3) 기분이 나쁘다, 당황스럽다.

4) 뿌듯하다, 자랑스럽다.

5) 뿌듯하다, 고맙다, 반갑다.

6) 기분이 나쁘다, 당황스럽다.

- 활동지 2-3

〈1번〉

나, 어머니, 자전거 타기 연습

〈2번〉

- 시간: 점심

  → 이유: 점심은 낮을 의미함.

- 장소: 놀이터

  → 이유: 놀이터에서 자전거를 탔음.

〈3번〉

- 나의 말: 오늘은 꼭 성공할 거예요!

  → 나의 마음: 오늘은 꼭 자전거를 타고야 말겠다는 의지가 보임.

- 엄마의 말: 그럼, 아까부터 그랬단다.

  → 엄마의 마음: 뿌듯한 마음, 아들을 자랑스럽게(대견히) 여기는 마음

- 활동지 2-4

〈1번〉

나, 지석이, 오늘 공놀이 도중에 일어난 일

〈2번〉

- 시간: 6월 30일 금요일

  → 이유: 일기장에는 시간이 정확하게 나타나 있음.

- 장소: 흙, 결승선

→ 이유: 운동장에서 공놀이 하다가 일어난 사건이 잘 드러나 있음.

〈3번〉

- 나의 말: 지석아, 괜찮아, 실수로 그런 건데 뭘.

  → 나의 마음: 지석이가 진심으로 미안해해서 화를 낼 수가 없었음.

- 지석이의 말: 공을 몰고 가느라 너를 보지 못했어. 정말 미안해.

  → 지석이의 마음: 나를 다치게 한 것에 대해서 진심으로 미안해함.

〈3차시〉 이야기 구성요소

＊ 교사와 함께하기

- 활동지 3-2

〈1번〉

1) 고라니, 들고양이, 두꺼비, 종달새, 다람쥐

2) 장소: 숲 한가운데 / 시간: 알 수 없음.

3) 숲 한가운데에 넓은 찻길이 생겨서 동물들이 위험에 처함.

4) 고라니: 행동 – 한숨을 쉼. / 말 – "큰일이야. 이래서는 먹이를 구하러 갈 수가 없어."

  들고양이: 행동 – 훌쩍임. / 말 – "나는 헤어진 가족을 만나고 싶어.

  두꺼비: 행동 – 부럽다는 눈초리로 바라봄. / 말 – "새들은 좋겠다……."

  종달새: 행동 – 머리를 가로저음. / 말 – "우리도 안전하지 않아. 나도 위험할 뻔했다고."

  다람쥐: 행동 – 찻길을 바라봄. / 말 – "어떻게 하면 안전하게 마을 밖으로 나갈 수 있을까?"

5) 고라니: 걱정을 함.

들고양이: 헤어진 가족을 그리워함.

두꺼비: 날아다니는 종달새를 부러워함.

종달새: 차가 일으키는 바람 때문에 위험하다
고 느낌.

다람쥐: 찻길을 걱정하며 안전히 마을 밖을 나
갈 방법을 고민함.

6) 마을 밖으로 나갈 방법에 대하여 고민에 빠짐.

• 활동지 3-3

〈1번〉

1) 옛날, 아침, 고개

2) 소금 장수, 호랑이, 기름 장수

3) 호랑이가 소금 장수와 기름 장수를 삼켜서 호랑
이 배 속에서 소금 장수와 기름 장수가 만남

4-1) "호랑이님, 한 번만 살려 주십시오."

4-2) "아, 배고파. 어디 더 먹을 것 없나?"
(이 외에도 '호랑이는 들은 척도 하지 않고,' "여
기서 어떻게 빠져나가지요?" "어유, 어두워." '깜
짝 놀란 호랑이' 등도 답이 될 수 있음)

5-1) 호랑이는 소금 장수를 통째로 삼켜 버렸습니다.

5-2) 호랑이는 기름 장수도 한입에 삼켜버렸습니다.
(이 외에도 '두 사람은 등잔불을 켰다', '호랑이가
갑자기 벌떡 일어났다.' '호랑이가 펄쩍펄쩍 뛰
었다.'도 답이 될 수 있음)

6) 호랑이 배 속에 있던 소금 장수와 기름 장수가
어두워서 등잔불을 켰는데, 호랑이가 갑자기 일
어나는 바람에 등잔이 엎어지면서 등잔의 기름
이 쏟아졌고, 호랑이는 뜨거워서 펄쩍 뛰었다.

* 스스로 하기

• 활동지 3-1

〈1번〉

1) 어머니, 나, 의사 선생님

2) 배경(집, 병원) 시간 (아침, 오전 10시)

3) 어젯밤 먹은 아이스크림 때문에 배가 아파서 병
원에 갔음.

4) 나: 말-"배가 아파서 밥을 못 먹겠어요."
어머니: 말-"많이 아프니?", 병원에 가자고 하심.
의사선생님: 행동-청진기를 대 보고 / 말-배탈
이 났다고 하심. / 말-"주사는 안 맞고 대신 약
을 먹어야 해." 약을 잘 먹어야 한다고 하심.

5) 나: 배가 아프고 속이 울렁거림, 학교에 가지 못
해서 속이 상함, 주사를 맞을까 걱정이 됨.
어머니: 걱정스러워 하심.

6) 병원에 가서 진찰을 받고 약을 받음.

• 활동지 3-2

〈1번〉

1) 아기 양, 늑대

2) 장소: 들판, 시냇가 / 시간: 알 수 없음.

3) 아기 양이 시냇가에 물 마시러 왔는데 늑대가
잡아먹으려고 함.

4) 늑대: 말-"이놈! 어른이 물을 마시는데, 물을 흐
리다니, 용서할 수 없다." / 말-할 말이 없어서
다른 이야기를 꺼냄. / 말-"너 작년에 우리 아
버지 욕을 하고 돌아다녔지? 절대 용서할 수 없
다." / 행동-늑대는 한 입에 아기 양을 삼키려
고 달려듦. / 행동-아기양을 노려봄, 돌아감.
아기 양: 행동-깜짝 놀라 뒤로 물러섬. / 말-
"제가 물을 마신 곳은 아래쪽이란 말이에요." /
말-"늑대님은 뭘 잘 못 알고 계신가 봐요." /
말-"저는 작년에 태어나지도 않았어요. 어떻게
늑대님 아버지를 욕할 수 있겠어요."

5) 늑대: 배가 고픔, 잔뜩 화가 남.
아기 양: 깜짝 놀람.

6) 아기양의 말에 할 말이 없어진 늑대는 화가 났
지만 그냥 돌아감.

〈4차시〉 주요 내용 확인하기

✳ 교사와 함께하기

- 활동지 4-1

  〈1번〉

  1) 올림픽　　　　2) 시계

  3) 환경　　　　　4) 안전

- 활동지 4-2

  〈1번〉

  짹각짹각 － 시계소리

  시침 － 분침

  시간 － 분, 초

  (이 외에도 다양한 답이 가능함)

- 활동지 4-3

  〈1번〉

  옛날 물건들을 설명하려 함.

  〈2번〉

  옛날, 텔레비전

  〈3번〉

  옛날 텔레비전

  〈4번〉

  모양 － 네모 상자

  화면 － 작고 가운데 부분이 볼록하게 튀어나옴.

  사용 방법 － 동그란 모양의 장치를 돌려 채널을
  　바꿈.

✳ 스스로 하기

- 활동지 4-1

  〈1번〉

  1) 다리　　　　　2) 발레

  3) 식물　　　　　4) 짜장면

- 활동지 4-2

  〈1번〉

  색깔　검은색

  모양 － 기다랗다.

  맛 － 달콤하다.

  외식 － 제일 좋아하는 메뉴

  (이 외에도 다양한 답이 가능함)

- 활동지 4-3

  〈1번〉

  옛날 전화기

  〈2번〉

  옛날 전화기

  〈3번〉

  모양 － 위쪽이 좁은 과자 상자 모양

  색깔 － 까만색

  사용 방법 － 손가락으로 동그란 장치를 돌림.

- 활동지 4-4

  〈1번〉

  꿀벌

  〈2번〉

  꿀벌

  〈3번〉

  성격 － 부지런함.

  하루 － 꽃님들과 정다운 이야기를 나눔, 쉬지 않고
  　일함.

  꽃님 － 꿀벌에게 꿀을 줌. 이야기를 나눔.

2단계

〈5차시〉 인물의 관계 및 성격 파악하기

* 교사와 함께하기

• 활동지 5-1

〈1번〉

1) 게으르다.   2) 심술궂다.

3) 욕심이 많다.   4) 겁이 많다.

5) 적극적이다.

〈2번〉

1) 침착하다.   2) 사납다.

3) 신중하다.   4) 퉁명스럽다.

5) 다정하다.

• 활동지 5-2

〈1번〉 (예시)

1) 행동: 땀을 뻘뻘 흘리며 괭이로 돌을 골라냄.

→ 성격: 부지런함.

2) 행동: 일하고 돌아온 농부를 반갑게 맞아 줌.

→ 성격: 다정함.

3) 말: "시끄러워 못살겠네. 단잠을 방해하는 녀석을 혼내 주고 말테야."

→ 성격: 심술궂음.

• 활동지 5-3

〈1번〉

– 도희

말: 우리 크레파스를 같이 쓰자고 민숙이에게 말할까?

성격: 마음이 예쁘다.

– 민숙

행동: 영호에게 미술 시간이 있는 날에는 민숙이는 크레파스를 가지고 오지 못합니다.

성격: 양보를 잘 한다.

– 선생님

말: 민숙이가 크레파스가 없구나. 선생님 것을 빌려 줄게.

성격: 배려심이 많다.

– 동건

말: 우리 둘이서 민숙이에게 크레파스를 사 주자.

성격: 착하다, 상냥하다.

* 스스로 하기

• 활동지 5-1

〈1번〉

○: 현명한, 생각이 깊은, 예의 바른, 슬기로운, 차분한, 독립적인, 예술적인, 책임감 있는, 성실한, 재미있는, 조심스러운, 흥미로운

□: 비굴한, 겁이 많은, 냉정한, 고집 센, 질투심이 많은, 이기적인, 솔직하지 않은, 짜증스러운, 화난, (대담한), 지루한, (긴장되는)

△: 긴장되는, 대담한, 슬퍼하는

〈2번〉

1) 슬기로운

2) 흥미로운

3) 대담한

• 활동지 5-2

〈1번〉

(다양한 답이 있을 수 있음)

• 비숑 선생님: 귀가 빨개짐. / 손수건을 돌돌 말고 있음. / 한시름 놓으시는 것 같음.

→ 성격: 긴장하는 / 겁이 많은

• 나: 선생님 얼굴 자세히 봄 / 44개 눈을 계산해 봄 / 도와 드리고 싶은 마음

→ 성격: 꼼꼼한 / 도움이 되고 싶은

- 활동지 5-3

〈1번〉

(다양한 답이 나올 수 있음)

- 나무: 기뻐서 몸을 흔듦 / 즐겁게 지내자. / 나에게는 집이 없는데. / 내 가지들을 베어 감.
  → 성격: 베풀 줄 아는 / 사랑하는
- 소년: 한가롭지 않아. / 내겐 따뜻한 지낼 집이 필요해. / 집 한 채 마련해 줄 수 없겠니? / 나뭇가지를 베어서 감.
  → 성격: 이기적인 / 나무를 이용하는

〈6차시〉 원인과 결과 알기

＊ 교사와 함께하기

- 활동지 6-1

〈1번〉

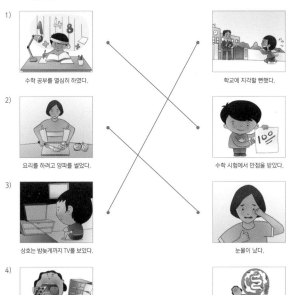

1) 수학 공부를 열심히 하였다.
2) 요리를 하려고 양파를 썰었다.
3) 상호는 밤늦게까지 TV를 보았다.
4) 음식을 많이 먹었다.

학교에 지각할 뻔했다.
수학 시험에서 만점을 받았다.
눈물이 났다.
배탈이 났다.

- 활동지 6-2

〈1번〉

2) 환자들이 너무 많아서

3) 병원 시작 시간이 아닌데 사람들이 와서

(이 외에도 다양한 답이 가능함)

〈2번〉

1) 상사에게 혼이 났다.

2) 야근을 했다.

3) 창피했다.

(이 외에도 다양한 답이 가능함)

〈3번〉

1) 체육시간에 무리를 해서

2) 잠을 바른 자세로 자지 않아서

3) 무거운 물건을 들어서

(이 외에도 다양한 답이 가능함)

〈4번〉

1) 선생님께 혼이 났다.

2) 상처가 났다.

3) 선생님께 벌을 받았다.

(이 외에도 다양한 답이 가능함)

- 활동지 6-3

〈1번〉

1 ― 4 ― 2 ― 3 ― 5

〈2번〉

1) 학교가 끝났다.

2) 친구와 아이스크림을 사먹었다.

3) 비가 오는데 놀이터에서 시소를 탔다.

4) 집에 왔는데 배가 아프고 추웠다.

5) 어머니와 병원에 갔다.

* 스스로 하기

• 활동지 6-1

〈1번〉

빨간색 줄: 칠판의 글씨가 뿌옇게 보여서 불편해졌거든요.

파란색 줄: 자리를 앞으로 옮겨주세요.

빨간색 줄: 운동기구가 부족하여 불편한 점이 많습니다.

파란색 줄: 운동장에 여러 가지 운동기구를 설치하여 주시면 좋겠습니다.

〈2번〉

1) 칠판의 글씨가 뿌옇게 보여서 불편해졌기, 앞쪽 자리로 옮기기

2) 운동기구가 부족하여 불편하기, 학교 운동장에 여러 가지 운동기구를 설치해 주기를

〈3번〉

다양한 답이 나올 수 있음

(예: 용돈이 부족하기, 매달 용돈을 인상해 주시기)

• 활동지 6-2

1. ③ 동생을 도와주었다.
2. ④ 수영장에 가서 놀았다.
3. ② 숙제를 하였다.
4. ① 밥을 먹었다.
5. ② 잠을 많이 자서
6. ④ 행복하게 하루를 보내서
7. ① 놀이동산에서 신나게 놀아서
8. ③ 지금 우리 동네가 좋아서

• 활동지 6-3

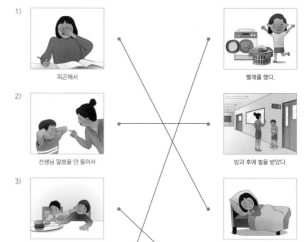
1) 피곤해서 / 빨래를 했다.
2) 선생님 말씀을 안 들어서 / 방과 후에 벌을 받았다.
3) 동생이랑 싸워서 / 잠을 잤다.
4) 옷이 너무 더러워져서 / 어머니한테 꾸지람을 들었다.

• 활동지 6-4

① → ⑤ → ④ → ③ → ②

① 착한 할아버지, 할머니가 살고 있었다.

⑤ 할아버지는 샘물을 마시고 젊은이로 변했다.

④ 할머니도 샘물을 마시고 젊어졌다.

③ 욕심쟁이 할아버지도 샘물을 마셨다.

② 샘물을 너무 많이 마신 욕심쟁이 할아버지는 아기가 되어 버렸다.

〈7차시〉 글의 짜임 알기

* ### 교사와 함께하기

* 활동지 7-1

  〈2번〉

  * 하는 일:

  * 생김새:

  * 크기:

   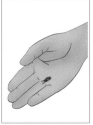

* 활동지 7-2

  〈1번〉

  로봇

  〈2번〉

* ### 스스로 하기

* 활동지 7-1

  〈2번〉

  * 부리:

  * 혀:

  * 입:

* 활동지 7-2

  〈1번〉

  이가 없는 동물

  〈2번〉

```
                    이가 없는 동물
        ┌──────────────┼──────────────┐
  부리를 이용하여   혀를 이용하여    입을 이용하여
  먹이를 먹는 동물   먹이를 먹는 동물   먹이를 먹는 동물
    ┌───┴───┐      ┌───┴───┐      ┌───┴───┐
  독수리  딱따구리   두꺼비  달팽이     해마   흰 긴
                                        수염
                                        고래
```

• 활동지 7-3

〈2번〉

• 방향:

• 똑바로
서기:

• 신호:

• 활동지 7-4

〈1번〉

꼬리

〈2번〉

* 교사와 함께하기

• 활동지 8-1

〈1번〉

K: 종이컵은 일회용이다.

종이컵은 식당에서 주로 사용한다.

종이컵은 종이로 되어 있다.

〈2번〉

W: 종이컵 안은 왜 한번만 사용하고 버릴까?

종이컵을 많이 사용하면 왜 안 좋을까?

종이컵은 어떻게 재활용이 될까?

(이 외에도 다양한 답이 가능함)

〈3번〉

L: 종이컵은 씻지 않아도 된다.

종이컵을 만들려면 종이뿐만 아니라 물도 필요하다.

화장지 한 개를 만들려면 종이컵 65개가 필요하다.

(이 외에도 다양한 답이 가능함)

• 활동지 8-2

〈1번〉

질문1: 종이컵이 간편한 이유는?

질문2: 종이컵을 만들 때 필요한 재료들은?

질문3: 종이컵으로 재활하여 만들 수 있는 물건은?

질문4: 화장지 한 개를 만들기 위해 필요한 종이컵 수는?

(이 외에도 지문에 있는 글이라면 다양한 답이 가능함)

* 스스로 하기

• 활동지 8-1

〈1번〉

K: 웃음은 건강에 좋다.

웃음은 상대방의 기분을 좋게 해 준다.

웃음은 기분을 좋게 만든다.

(이 외에도 다양한 답이 가능함)

〈2번〉

W: 웃음은 어떤 기능이 있을까?

잘 웃으려면 어떻게 해야 할까?

웃음은 어떤 장점이 있을까?

(이 외에도 다양한 답이 가능함)

〈3번〉

L: 웃음은 건강하게 해 준다.

웃음은 피로와 통증을 잊게 해 준다.

웃는 얼굴이 가장 아름답다.

웃음은 사람 사이의 마음을 이어 준다.

웃음은 인간관계에 도움이 된다.

(이 외에도 다양한 답이 가능함)

• 활동지 8-2

〈1번〉

질문1: 어떻게 하면 자주 웃을 수 있을까?

질문2: 다 자라면 왜 조금밖에 안 웃을까?

질문3: 웃으면 정말 잘생겨지고 예뻐질까?

질문4: 웃음의 단점은 무엇일까?

(이 외에도 지문에 있는 글이라면 다양한 답이 가능함)

• 활동지 8-3

〈1번〉

K: 굶어 죽는 많은 어린 아이들이 있다.

전 세계 인구는 70억 명이 넘는다.

우리나라에도 굶는 아이들이 있다.

(이 외에도 다양한 답이 가능함)

〈2번〉

W: 곡식이 세계 인구보다 많은데 왜 굶어죽을까?

어른들도 영양실조에 걸릴까?

굶어 죽는 아이들을 도울 수 있는 방법이 없을까?

(이 외에도 다양한 답이 가능함)

〈3번〉

L: 잘 사는 나라는 곡식이 남는다.

가난한 나라는 잘 사는 나라의 경제적 힘이 5%도 안 된다.

잘 사는 나라와 가난한 나라의 격차가 더 커지고 있다.

(이 외에도 다양한 답이 가능함)

• 활동지 8-4

〈1번〉

질문1: 가난한 나라의 아이들을 도울 수 있는 방법이 있을까?

질문2: 잘 사는 나라와 가난한 나라의 격차를 줄일 수 있는 방법이 있을까?

질문3: 잘 사는 나라의 남는 곡식은 어떻게 되는 걸까?

질문4: 내가 가난한 나라의 아이들을 도울 수 있는 방법이 있을까?

(이 외에도 지문에 있는 글이라면 다양한 답이 가능함)

〈9차시〉 추론하기

＊ 교사와 함께하기

• 활동지 9-1

1. 선생님   2. 아이스크림을 사러 간다.

3. 임경이 생일   4. 들판

5. 이겼다.   6. 보건실, 아파서

7. 크레파스, 색연필 8. 양파

• 활동지 9-2

〈1번〉

(다양한 답이 가능하나 논리적이어야 함)

1) 관찰한 것: 유리창이 깨져 있다. 야구공이 떨어져 있다.

추론: 누군가가 야구공을 던져서 유리창이 깨졌다.

2) 관찰한 것: 달걀이 깨졌다.

추론: 누군가가 요리를 하려고 달걀을 꺼내다가 실수로 바닥에 떨어뜨렸다.

3) 관찰한 것: 나뭇가지가 부러졌고, 한 소년이 웅덩이에 빠졌다.

추론: 소년은 나무를 타다가 그만 웅덩이에 빠지고 말았다.

4) 관찰한 것: 차끼리 부딪혔다. 한 남자는 전화를 걸고 있고, 다른 사람들은 걱정스럽게 서 있다.

추론: 차 사고가 나서 경찰에 신고를 하고 있다.

• 활동지 9-3

〈1번〉

(다양한 답이 가능하나 논리적이어야 함)

1) 단서: 해마다 이맘때면 치르는 몸살

내가 알고 있는 것: '~마다'라는 말은 자주 그렇다는 것이다.

추론: 어머니는 매년 아프시다.

2) 단서: 목탁 소리, 아미타불 관세음보살

내가 알고 있는 것: 목탁 소리와 아미타불 관세음보살은 스님들이 목탁을 두드리며 하는 말이다.

추론: 바깥에는 스님이 와 있다.

〈2번〉

집 안, 방 안

* 스스로 하기

• 활동지 9-1

〈1번〉

(다양한 답이 가능하나 논리적이어야 함)

1) 관찰한 것: 구급차가 도착했다.

추론: 누군가 급하게 병원에 가야했다.

2) 관찰한 것: 아기가 울고 있다.

추론: 어디가 불편한 것 같다.

3) 관찰한 것: 학생들이 다 손을 들고 있다.

추론: 선생님과 답을 나누고 싶어 한다.

4) 관찰한 것: 누가 계단 아래로 넘어졌다.

추론: 계단에서 잘못 발을 디뎠나 보다.

• 활동지 9-2

〈1번〉

(다양한 답이 가능하나 논리적이어야 함)

1) 관찰한 것: 땅이 갈라졌다.

추론: 심한 가뭄이 들었나 보다.

2) 관찰한 것: 집에 불이 났다.

추론: 누군가 집안에서 촛불을 넘어뜨렸다.

3) 관찰한 것: 사람들이 마라톤을 뛰고 있다.

추론: 마라톤 대회가 열렸나 보다.

4) 각자의 상황에 맞는 답(예: 관찰한 것: 엄마가 갑자기 선물을 사 오셨다. 추론: 오늘 엄마 월급날이여서 우리를 놀라게 해 주고 싶으셨나 보다)

• 활동지 9-3

〈1번〉

(다양한 답이 가능하나 논리적이어야 함)

1) 단서: 입맛이 없을 텐데…

내가 알고 있는 것: 고들빼기김치는 맛있는 김치

추론: 금방 입맛이 돌아왔을 것

2) 단서: 뾰루퉁한 얼굴

내가 알고 있는 것: 뾰루퉁한 것은 불만이 있을

때 나오는 표정

추론: 엄마는 매우 기분이 안 좋고 불만이 있다.

〈2번〉

예고 없이 방문하는 할머니 때문에 아빠는 편히 쉬고 있고 엄마는 불만에 차서 집안일을 하고 있다. 선재도 이 분위기가 불편할 것이다.

• 활동지 9-4

〈1번〉

(다양한 답이 가능하나 논리적이어야 함)

1) 단서: 텅 빈 쌀독을 보면서 한숨을 내쉬었다.

내가 알고 있는 것: 한숨은 희망이 없을 때 주로 나온다.

추론: 양반의 아내는 먹을 것이 없어서 매우 걱정이다.

2) 단서: 태백산맥은 높고 험한 산으로 둘러싸여 곡식을 심을 논밭이 얼마 되지 않았다.

내가 알고 있는 것: 논밭이 얼마 되지 않다는 것은 재배할 곡식이나 채소가 없을 것이다.

추론: 정선은 지리적인 환경 때문에 농작물이 쉽게 자라는 곳이 아닐 것이고 동네 주민들은 배고플 것이다.

〈2번〉

새로 부임한 군수들이 가난한 양반 집에 와서 인사를 꼬박꼬박 하는 것을 보면 양반은 존경을 많이 받을 것이다.

〈10차시〉 이야기 예측하기

✱ 교사와 함께하기

• 활동지 10-1

〈1번〉

(다양한 답이 가능하나 논리적이어야 함)

1) 관찰한 것: 지하철을 타기 위해서 카드를 사용하지 않고 그냥 아래로 들어가고 있다.

앞으로 일어날 일: 앞에서 지켜보던 사람에게 혼이 나 다시 밖으로 나가게 된다.

2) 관찰한 것: 버스를 타려고 줄을 서 있는데 남자 아이가 새치기를 하였다.

앞으로 일어날 일: 차례를 지키라고 말해서 남자는 뒤로 간다.

3) 관찰한 것: 시험 시간에 친구가 다른 친구의 답안을 보려고 한다.

앞으로 일어날 일: 선생님에게 말하여 친구가 다른 친구의 답안을 보지 못하게 한다.

4) 관찰한 것: 친구들과 어깨동무를 하며 집으로 가는데 뒤에서 차가 빵빵거린다.

앞으로 일어날 일: 깜짝 놀라서 차를 피한다.

• 활동지 10-2

〈1번〉

(다양한 답이 가능하나 논리적이어야 함)

1) 여자 친구는 선물을 보고 너무 기뻐서 나에게 고맙다고 한다.

2) 청소도구를 가지고 차를 세차하여 차가 깨끗해진다.

3) 나뭇가지에 걸려 넘어지고 만다.

• 활동지 10-3

〈1번〉

(다양한 답이 가능하나 논리적이어야 함)

- 등장인물

1) 아우

2) 형

- 등장인물의 성격(특징)

1) 아우: 끈기가 없다.

2) 형: 인내심이 많다.

- 이야기의 배경: 밤, 가마 앞

〈2번〉

(이 외에도 다양한 답이 가능함)

– 사건 전개

  1) 아우와 형은 이른 아침부터 가마 앞에서 도자기를 구웠다.

  2) 동생은 형의 눈치를 보며 눈을 붙이고 싶어 하였다.

  3) 아우는 움막으로 갔지만 잠이 들지 않았다.

– 예측

  1) 아우는 형을 점점 더 어려워한다.

  2) 형은 아우에게 계속 허드렛일만 시켰을 뿐 다른 기술을 가르치지 않는다.

  3) 형이 도자기를 빚는 사람이니 동생보다 도자기를 잘 빚는다.

  4) 그날 밤에도 형과 아우는 하던 대로 장작을 피운다.

* 스스로 하기

• 활동지 10-1

〈1번〉

(다양한 답이 가능하나 논리적이어야 함)

1) 관찰한 것: 교통사고가 나서 운전자들이 나와 있다.

   앞으로 일어날 일: 합의를 위해 경찰이 올 것이다.

2) 관찰한 것: 친구끼리 돌아 앉아 있다.

   앞으로 일어날 일: 화해를 할 것이다.

3) 관찰한 것: 한 남자가 폭식을 하고 있다.

   앞으로 일어날 일: 매우 살이 찌거나 배가 아플 것이다.

4) 관찰한 것: 마을에 홍수가 나서 차가 물에 갇혀 있다.

   앞으로 일어날 일: 구조대가 와서 구조를 해 줄 것이다.

• 활동지 10-2

〈1번〉

(다양한 답이 가능하나 논리적이어야 함)

1) 사람들이 힘을 모은 덕분에 차가 다시 도로까지 나왔다.

2) 나는 할 수 없이 혼자 비를 맞고 집으로 왔다.

3) 이웃 아저씨가 동생을 업고 병원으로 뛰어가셨다.

• 활동지 10-3

〈1번〉

– 등장인물

  1) 염라대왕

  2) 영암 원님

– 등장인물의 성격(특징)

  1) 염라대왕: 동정심이 있다.

  2) 영암 원님: 이기적이다.

– 이야기의 배경: 저승

〈2번〉

(이 외에도 다양한 답이 가능함)

– 사건 전개

  1) 영암 원님이 죽어서 염라대왕 앞으로 가게 되었다.

  2) 영암 원님은 염라대왕에게 이승에서 더 살게 해달라고 부탁하였다.

  3) 저승사자는 수고비를 내놓아야 보내 준다고 하였다.

– 예측

  1) 저승사자는 영암 원님을 이승에 돌아가지 못하게 하고 저승에 남게 한다.

  2) 영암 원님의 곳간에 있는 볏짚 한 단을 일단 주고 나중에 또 갚기로 한다.

  3) 영암 원님은 저승에 곳간이 가득 차 있는 마을 사람에게 물건을 빌려서 저승사자에게 준다.

  4) 영암 원님은 남에게 좋은 일을 하지 않았던 것에 대하여 후회하며 잘못을 빈다.

- 활동지 10-4

  〈1번〉

  – 등장인물

    1) 어머니

    2) 선원 아저씨

  – 등장인물의 성격(특징)

    1) 어머니: 참을성이 있다.

    2) 선원 아저씨: 따뜻하다.

  – 이야기의 배경: 피난길, 전쟁 상황

  〈2번〉

  (이 외에도 다양한 답이 가능함)

  – 사건 전개

    1) 명호네 식구는 피란길에 올랐다.

    2) 홍남부두에 도착했을 때 명호 어머니가 고통을 참지 못하고 주저앉았다.

    3) 명호 어머니는 배 갑판에서 아기를 낳았다.

  – 예측

    1) 명호 아버지는 전쟁을 마치고 돌아왔다.

    2) 배에서 내린 명호네 식구는 남쪽을 향해 갔다.

    3) 어머니는 주위 아주머니와 할머니들에게 감사 인사를 전했다.

    4) 할아버지의 말대로 온양이는 환하게 자랐다.

〈11차시〉 주장과 근거 파악하기

＊ 교사와 함께하기

- 활동지 11-1

  〈1번〉

  (다양한 답이 가능하나 그림의 내용과 적절해야 함)

  1) 흡연하지 말자.

  2) 여성에게 아름다운 몸매를 요구해서는 안 된다.

  3) 재활용하자.

  4) 스마트폰 중독을 예방하자.

  5) 일회용품을 줄이자.

  6) 책을 많이 읽자.

- 활동지 11-2

  〈1번〉

  (다양한 답이 가능하나 논리적이어야 함)

  1) 애완견을 키우면 외롭지 않다.

    애완견은 가족이다.

    애완견은 훈련시키면 시끄럽지 않다

  2) 애완견을 키우면 시끄러워서 방해가 된다.

    애완선을 무서워하는 사람들에게는 피해가 된다.

  〈2번〉

  (다양한 답이 가능하나 논리적이어야 함)

  1) 교복을 입으면 소속을 알 수 있다.

    교복을 입으면 단정해 보인다.

  2) 교복을 입으면 자유롭게 옷을 입을 수 없다.

    교복은 불편하다.

  〈3번〉

  (다양한 답이 가능하나 논리적이어야 함)

  1) 화장을 하면 더 예쁘게 보인다.

    화장을 하는 것도 자신을 표현하는 방법이다.

  2) 일찍 화장을 하면 피부에 좋지 않다.

    공부보다는 화장에 신경을 쓰게 되어 공부에 방해가 된다.

- 활동지 11-3

  〈1번〉

  다른 사람들을 설득하기 위하여, 교실 청소를 아침 시간에 하자고 말하기 위하여

  〈2번〉

  1) 교실 청소는 수업하기 전 아침 시간에 하는 것이 좋다고 생각한다. / 아침 시간에 청소를 하면 좋은 점이 많다.

  2) 하루를 기분 좋게 시작할 수 있다.

  3) 점심시간과 방과 후 시간을 활용할 수 있다.

4) 청소를 하지 않고 집에 가는 친구가 없다.

5) 교실 청소는 수업하기 전 아침시간에 해야 한다.

초등학생 때는 공부도 중요하지만 다른 경험을 많이 쌓아야 한다.

* 스스로 하기

• 활동지 11-1

〈1번〉

(다양한 답이 가능하나 그림의 내용과 적절해야 함)

1) 생명을 소중하게 생각하자.

2) 가정폭력을 예방하자.

3) 일회용 용기를 사용하지 말자.

4) 운전 중에 흡연을 하지 말자.

5) 아이를 두 명 이상 낳아 기르자.

6) 독서를 많이 하자.

• 활동지 11-2

〈1번〉

(다양한 답이 가능하나 논리적이어야 함)

1) 잘못한 일에 대해서는 책임을 져야 한다.
   체벌이 있으면 말을 더 잘 듣게 된다.

2) 체벌 이외에도 다른 방법으로 책임을 질 수 있다.
   누군가를 때리는 행위는 어떤 상황에서도 잘못된 일이다.

〈2번〉

(다양한 답이 가능하나 논리적이어야 함)

1) 부족한 공부를 위해서 밤늦게도 학원에 가서 공부를 할 수 있어야 한다.
   공부를 잘하기 위해서는 밤늦게까지 학원에서 공부를 해야 한다.

2) 초등학생은 일찍 잠을 자야 한다.

• 활동지 11-3

〈1번〉

댐 건설을 막기 위하여

〈2번〉

1) 홍수를 막기 위해 우리 마을에 댐을 건설하고자 한다.

2) 천연기념물인 새들과 동물들이 살고 있다.

3) 토종 물고기들이 많이 살고 있다.

4) 어른들은 고향을 떠나야 한다.

5) 댐 건설 계획을 취소해야 한다.

• 활동지 11-4

〈1번〉

교통사고를 줄이자.

〈2번〉

1) 교통사고를 줄이는 다양한 방법이 있다.

2) 어둡거나 비 오는 날 주의해서 길을 건너야 한다.

3) 자전거를 탈 때 주의해야 한다.

4) 초록색 신호를 반드시 확인해야 한다.

5) 교통사고를 줄이기 위해 횡단보도를 건널 때 주의해야 한다.

〈12차시〉 작품의 감상 및 평가하기

다양한 답이 가능하며, 작품의 감상 및 평가하기는 자유롭게 생각을 나누면 됩니다.

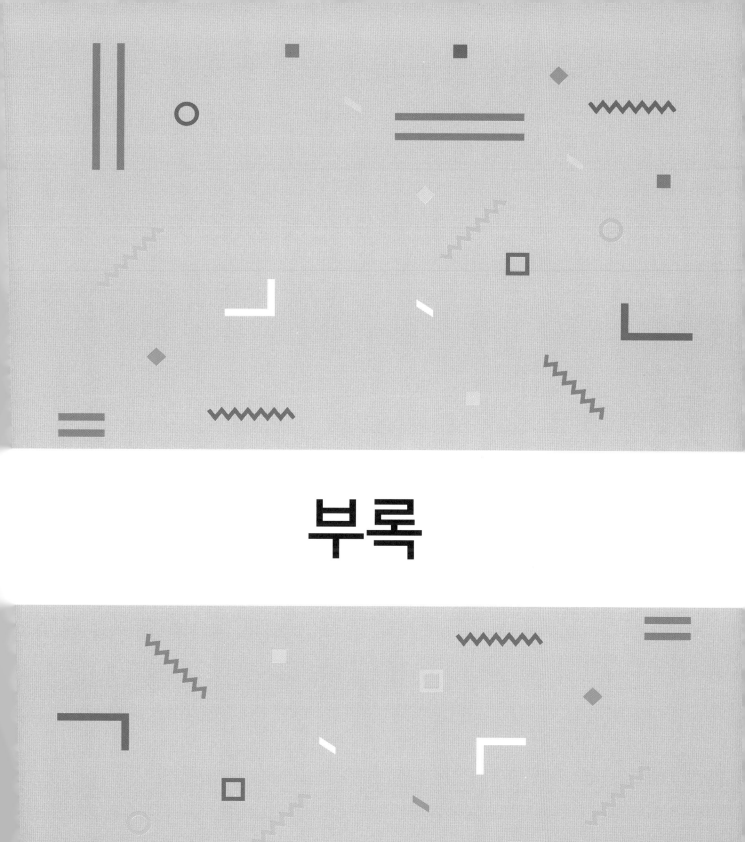

부록

1-1차시 ▶ 도입학습

📖 **학습 목표** 그림에 어울리는 문장을 찾을 수 있다.

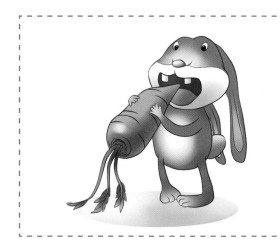

1-2차시 ▶ 도입학습

📖 **학습 목표** 그림에 어울리는 문장을 찾을 수 있다.

2-1차시

도입학습

📖 **학습 목표** 이야기 속에서 나타나는 배경과 등장인물의 마음을 짐작할 수 있다.

봄	여름
가을	겨울
아침	점심
저녁	밤
놀이동산	집
공원	학교
동산	

2-2차시

도입학습

📖 **학습 목표** 이야기 속에서 나타나는 배경과 등장인물의 마음을 짐작할 수 있다.

화가 난다.	아프다.
뿌듯하다.	고맙다.
기분이 나쁘다.	창피하다.
당황스럽다.	자랑스럽다.
무섭다.	반갑다.
부끄럽다.	상쾌하다.

3-1차시

도입학습

📖 **학습 목표** 이야기 구성요소를 알고 이야기 글에서 구성요소를 찾을 수 있다.

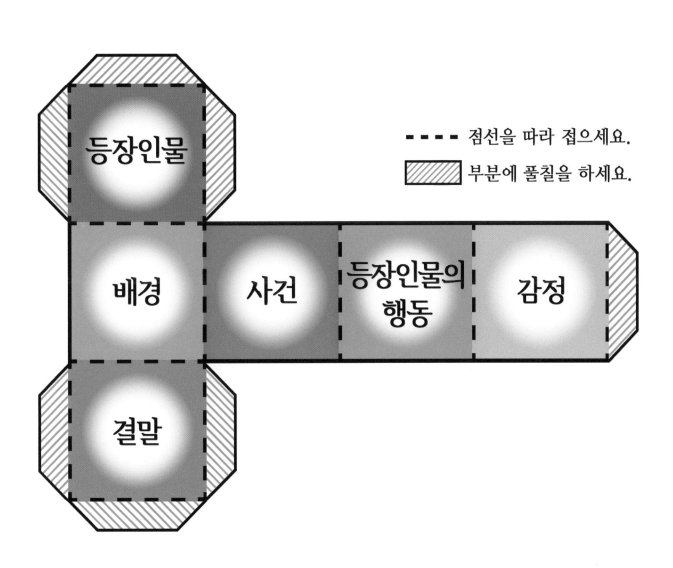

- - - - 점선을 따라 접으세요.

▨ 부분에 풀칠을 하세요.

4-1차시 ▶ 도입학습

📖 학습 목표 글을 읽고 중요한 단어를 찾아 주요 내용이 무엇인지 안다.

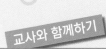

5-1차시 ▶ 도입학습

📖 **학습 목표** 등장인물들의 관계를 알고, 인물의 성격을 파악할 수 있다.

간단하다.

감동적이다.

소극적이다.

새롭다.

착하다.

게으르다.

심술궂다.

부지런하다.

욕심이 많다.

겁이 많다.

적극적이다.

5-3차시 ▶ 적용학습

📖 **학습 목표** 등장인물들의 관계를 알고, 인물의 성격을 파악할 수 있다.

민숙

동건

도희

선생님

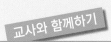
교사와 함께하기

6-1차시 ▶

도입학습

📖 **학습 목표** 글을 읽고 원인과 결과를 정리할 수 있다.

6-3차시

적용학습

📖 **학습 목표** 글을 읽고 원인과 결과를 정리할 수 있다.

7-1차시 ▶

도입학습

📖 **학습 목표** 글을 읽고 중심 낱말과 글의 짜임을 안다.

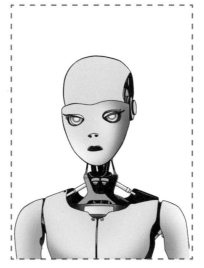
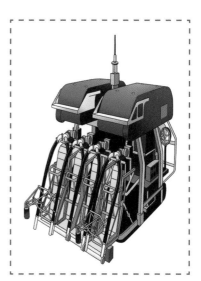

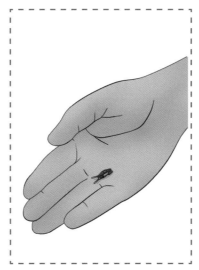
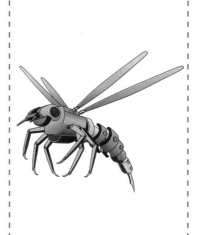

7-1차시

 도입학습

📖 **학습 목표** 글을 읽고 중심 낱말과 글의 짜임을 안다.

7-3차시 ▶ 🍎📚 도입학습

📖 **학습 목표** 글을 읽고 중심 낱말과 글의 짜임을 안다.

8-2차시 ▶

적용학습

📖 **학습 목표** 글을 읽고 세부내용을 파악할 수 있다.

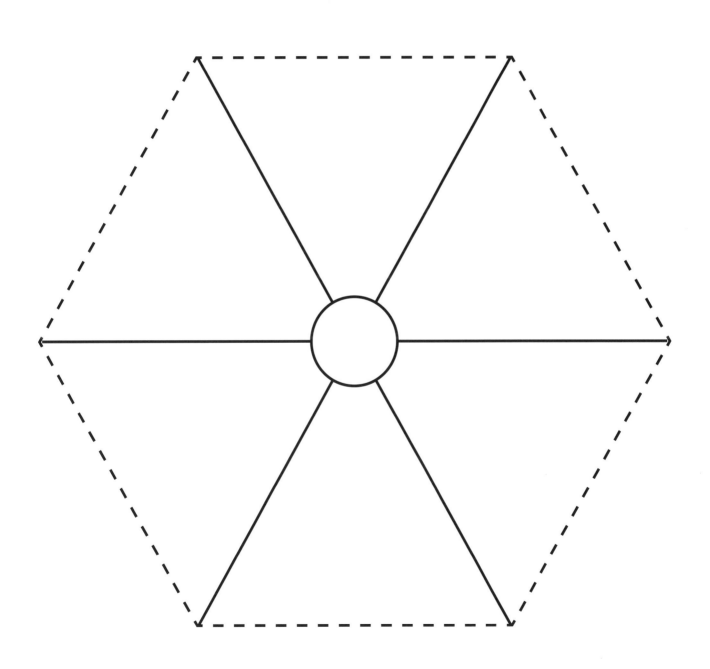

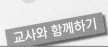

9-1차시 ▶

도입학습

📖 **학습 목표** 글을 읽고 글에 제시되지 않은 정보를 추론할 수 있다.

1	2
3	4
5	6
7	8

텔레비전에서 방금 신나는 만화영화가 끝났습니다.
그리고 아이스크림을 선전하는 광고가 시작되었습니다.
민희는 아이스크림이 너무 먹고 싶어졌습니다.

민희는 다음에 어떤 행동을 하게 될까요?

수진이는 책상에 앉아서 손을 들었습니다.
"수학 문제가 너무 어려워요. 도와주세요."

수진이는 누구에게 말을 한 걸까요?

밤이 깊었으나 시인은 잠이 오지 않았습니다. 풀벌레
소리가 문틈을 비집고 들어왔습니다. 시인은 문득 걷고
싶은 충동을 느꼈습니다. 시인은 징검다리를 건너 들꽃과
다정하게 이야기를 주고 받았습니다.

시인이 있는 곳은 어디일까요?

임경이는 반 친구들을 집으로 초대했습니다. 초대받은
친구들은 인경이네 집에 도착하여 잘 차려진 음식상을
보고 '와' 하고 환호성을 질렀습니다.
친구들은 임경이에게 선물을 주었습니다.

오늘은 무슨 날일까요?

친구들은 모두 학교 운동장으로 뛰어나갔습니다.
미현이는 누워서 창밖으로 친구들이 뛰어노는 것을
보고 있습니다.

미현이는 어디 있을까요?
미현이는 왜 나가서 놀지 않을까요?

준재가 결승선에 도달했을 때, 친구들과 가족들은 응원을
해 주었습니다. 준재는 매우 뿌듯해했습니다.

준재는 달리기 경주에서 어떻게 되었을까요?

혜영이는 어머니와 함께 저녁 요리를 하고 있습니다.
그런데 음식재료를 준비하던 어머니가 갑자기 눈물을
흘리십니다.

어머니가 준비하던 음식재료는 무엇일까요?

미술시간, 친구들은 모두 자신이 그린 그림을 색칠하고
있습니다.
그런데 지연이는 그렇게 하지 못합니다.
준비물을 가져오지 않았습니다.

지연이가 가져오지 않은 것은 무엇일까요?

9-2차시 ▶ 도입학습

📖 **학습 목표** 글을 읽고 글에 제시되지 않은 정보를 추론할 수 있다.

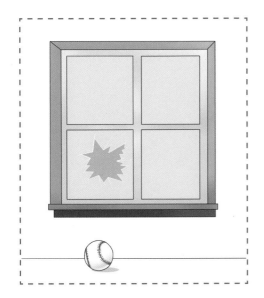

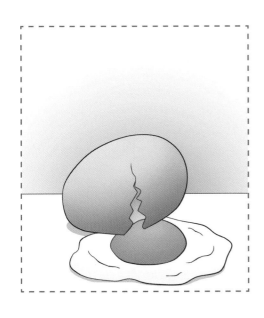

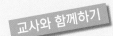

10-1차시 ▶

도입학습

📖 **학습 목표** 글을 읽고 글에 제시되지 않은 정보를 추론할 수 있다.

10-2차시

도입학습

📖 **학습 목표** 글을 읽고 다음에 무슨 일이 일어날지 예측할 수 있다.

11-1차시 ▶ 도입학습

📖**학습 목표** 글을 읽고 주장과 근거의 연결 관계를 안다.

12-2차시 ▶ 도입학습

📖 학습 목표 글을 읽고 글에 대한 생각이나 느낌을 다른 사람과 나눌 수 있다.

저자 소개

김동일(Kim, Dongil)

현재 서울대학교 사범대학 교육학과 교육상담전공 및 대학원 특수교육전공 주임교수로 재직하고 있다. 서울대학교 교육학과를 졸업하고 교육부 국비유학생으로 도미하여 미네소타 대학교 교육심리학과(학습장애 전공)에서 석사·박사 학위를 취득하였다. Developmental Studies Center, Research Associate, 한국청소년상담원 상담교수, 경인교육대학교 교육학과 교수, 한국학습장애학회 회장, 한국교육심리학회 부회장, (사)한국상담학회 법인이사, 한국청소년상담(복지개발)원 법인이사, BK21 PLUS 미래교육디자인연구사업단 단장을 역임하였다. 2002년부터 국가 수준의 인터넷중독 척도와 개입 연구를 진행해 왔으며, 정보화역기능예방사업에 대한 공로로 행정안전부 장관표창을 수상하였다. 현재 서울대학교 다중지능창의성연구센터(SNU MIMC Center) 소장, 서울대학교 특수교육연구소(SNU SERI) 소장 및 한국아동·청소년상담학회 회장, 한국인터넷중독학회 부회장, 여성가족부 청소년보호위원회 위원, (사)한국교육심리학회 법인이사 등으로 봉직하고 있다. 『바사와 함께하는 증거기반 수학 문장제 교수-학습전략』(학지사, 2015), 『BASA-ALSA와 함께하는 학습전략 프로그램 워크북』(학지사, 2015), 『학습장애아동의 이해와 교육(3판)』(공저, 학지사, 2016), 『특수아상담』(공저, 학지사, 2016), 『교육평가의 이해(2판)』(공저, 학지사, 2016)을 비롯하여 50여권의 (공)저서와 200여편의 학술논문이 있으며, 20개의 표준화 심리검사를 개발하고, 20편의 상담사례 논문을 발표하였다.

2014년 정부(교육부)의 재원으로
한국연구재단의 지원을 받은 연구로 진행되었음
(NRF-2014S1A5A2A03064945)

연구책임자	김동일(서울대학교 교육학과)

참여연구원	김희주(서울대학교 특수교육연구소)
	안예지(서울대학교 특수교육연구소)
	이미지(서울대학교 특수교육연구소)
	장세영(서울대학교 특수교육연구소)
	신혜연 Gladys(서울대학교 특수교육연구소)
	임희진(서울대학교 특수교육연구소)
	황지영(서울대학교 특수교육연구소)
	안성진(서울대학교 특수교육연구소)

BASA와 함께하는
읽기능력 증진 개별화 프로그램

읽기 나침반
④ 읽기이해편

2017년 11월 20일 1판 1쇄 발행
2022년 2월 25일 1판 2쇄 발행

지은이 • 김동일
펴낸이 • 김진환
펴낸곳 • (주) **학지사**
04031 서울특별시 마포구 양화로 15길 20 마인드월드빌딩
대표전화 • 02)330-5114   팩스 • 02)324-2345
등록번호 • 제313-2006-000265호

홈페이지 • http://www.hakjisa.co.kr
페이스북 • https://www.facebook.com/hakjisabook

ISBN 978-89-997-1416-0 94370
978-89-997-1410-8 (set)

정가 18,000원

저자와의 협약으로 인지는 생략합니다.
파본은 구입처에서 교환해 드립니다.

이 책을 무단으로 전재하거나 복제할 경우 저작권법에 따라 처벌을 받게 됩니다.

이 도서의 국립중앙도서관 출판시도서목록(CIP)은 서지정보유통지원
시스템 홈페이지(http://seoji.nl.go.kr)와 국가자료공동목록시스템
(http://www.nl.go.kr/kolisnet)에서 이용하실 수 있습니다.
(CIP 제어번호: CIP2017029210)

출판 · 교육 · 미디어기업 학지사
간호보건의학출판 **학지사메디컬** www.hakjisamd.co.kr
심리검사연구소 **인싸이트** www.inpsyt.co.kr
학술논문서비스 **뉴논문** www.newnonmun.com
교육연수원 **카운피아** www.counpia.com